Meine gesunde Küche
für jeden Tag

Su Vössing

Meine gesunde Küche für jeden Tag

BEWUSST. KÖSTLICH. VIELFÄLTIG

Hölker Verlag

INHALT

12

Frühstück

DAMIT SIE BESTENS IN DEN TAG STARTEN

34

Zum Mitnehmen

KLEINIGKEITEN FÜR UNTERWEGS UND ZWISCHENDURCH

56

Mittagessen

DAMIT SIE KÖRPERLICH UND GEISTIG BEI KRÄFTEN BLEIBEN

100

Gemüseküche

SCHNELL UND EINFACH

128

Abends

UNBESCHWERT ZUR RUHE KOMMEN

156

Vorratshaltung

DIE GESUNDE SPEISEKAMMER

178

Backwaren

SÜSS UND HERZHAFT

212

Gesunde Basics

KÖSTLICH UND SELBSTGEMACHT

REZEPTREGISTER

Apfel-Müsli-Smoothie 217

Apfel-Streuselkuchen
mit Rosmarin 193

Apfelchutney 168

Apfelküchlein,
Zwiebelküchlein 187

Balsamicovinaigrette,
hell 161

Bananen-Powerriegel 49

Bananen-Schoko-Smoothie 221

Bananencookies und
Himbeerbuttermilch 32

Bauernfrühstück, kräftig 31

Birchermüsli mit kaltgepressten
Ölen und Nüssen 24

Blechbrot mit Sesam 211

Blumenkohlbolognese 165

Blumenkohl-Taboulé 40

Blumenkohl, paniert,
mit Thunfisch-Leinsamen-
Creme 152

Blumenkohlcurry 112

Bohnengemüse, grün,
mit Tomaten 111

Brühe, gekörnt 176

Buchweizenbulgur-Frikadellen
mit Zitronen-Kartoffelpüree 69

Buchweizenbulgur-Salat
mit Paprika 87

Butter und Buttermilch,
selbstgemacht 218

Chili con Carne
vom Lamm 138

Chinakohl, scharf mariniert 120

Cocktailmayonnaise 172

Emmervollkornbrot
mit pikanter Linsencreme 204

Flusskrebssalat
mit Kräuterscones 133

Frischkäsekuchen
mit Himbeeren 188

Frischkäsepralinen 214

Garnelen mit gebratenem
Sesamreis 94

Gemüse, fermentiert 222

Gemüsebolognese 165

Gemüsebrühe, klar 158

Gemüsesalat, bunt, im Glas 171

Gewürz-Honig-Mayonnaise 172

Gewürzcracker mit vegetari-
schem Brotaufstrich 39

Gewürzmischung, indisch 231

Graubrot, Frischkäse
und Kiwi 27

Grießkuchen mit Beeren
und Granatapfelkernen 180

Grünkohleintopf
mit Kichererbsen 147

Hähnchenunterschenkel,
mariniert, mit Gurken-
Radieschen-Salat 83

Joghurt mit Chiasamen,
Walnüssen und
frischen Früchten 14

Kaiserschoten
mit Sesam 115

Kalbfleischröllchen auf
Zucchini und Sonnenweizen 76

Kartoffelspieße
mit Kräuterquark 97

Kräuterbrot 175

Kräuterdressing, cremig 161

Kräuterfrischkäse 214

Kräuterseitlinge
mit Butterspinat 127

Kurkumapaste 231

Lachsforelle
mit Bohnengemüse 70

Lammpralinen
mit Aubergine 84

Leinsamen-Bananen-
Pfannkuchen mit
marinierten Erdbeeren 17

Linsensuppe, cremig, mit Panir
und würzigem Popcorn 137

Loup de mer auf Kartoffel-
Erbsen-Stampf
mit Safransoße 65

Lunchbox mit geräucherter
Makrele und Sonnenweizen 36

Maishähnchen
mit Sesampflaumen 130

Mandelhörnchen
mit Marzipanfüllung 183

Mango mit Quark, Leinsamen
und Haferkleie 18

Mascarponebrot 175

Mayonnaise Natur 172

Mischbrot mit Chiasamen
und Graumohn 208

Möhren-Tomaten-
Aufstrich 235

Möhrengemüse
mit Petersilie 124

Ofenaubergine mit Linsen-
Granatapfel-Vinaigrette 105

Ofengemüse, herbstlich, mit
selbstgemachtem Labneh 148

Ofenzwiebel-Blumen
mit Balsamicoessig 102

Orangen-Couscous-Salat mit
kleinen Kalbfleischbällchen 43

Orangen-Mandel-Torte mit
Baiserhaube 201

Orangen-Zitronen-
Vinaigrette 161

Ossobuco mit
Petersilienwurzeln 62

Pak Choi mit Champignons
und Sesam 106

Panir, selbstgemacht 228

Pannekoeken mit Beeren
und Cashewcreme 184

Pflaumenchutney 168

Pizza mit Thunfischboden,
Avocado und Erbsen 144

Porridge mit Himbeersoße und
frischen Himbeeren 28

Radieschenblattsuppe
mit Milchschaum 134

Räucherfischcreme 235

Ravioli mit indischer
Linsenfüllung 61

Rinderfilet mit Ofengemüse
und Kräuterdip 73

Rindfleischstreifen, gebraten,
mit buntem Salat 98

Rote Beten, im Backofen
gegart 227

Rote-Bete-Muffins
mit Fenchelsamen 197

Rote-Bete-Ragout
mit Kichererbsen 123

Rote-Bete-Risotto
mit Räucherlachs 79

Rucola-Ricotta-Brot
mit Tomatensalat 194

Rührei mit Bratkartoffeln,
Spinat und Senfsoße 58

Saatenkernbrot, rein,
ohne Mehl 207

Salatsuppe, kalt,
mit Tandoori-Kartoffeln 53

Schnittlauchschnitte
mit Geflügelcreme 91

Schokoladenflakes, salzig 54

Schokoladenflakes, süß 54

Sesamomelett mit Rote-Bete-
Salat und Weintrauben 50

Spaghetti mit Feldsalatpesto 66

Spargel, grün, Ei
und Melone 151

Spinat-Feta-Taschen
mit Haselnüssen 44

Spinatsalat mit gebratener
Süßkartoffel und
Himbeeren 116

Suppenstock
aus Wurzelgemüse 176

Süßkartoffelsuppe mit
Fetakäse im Brickteig 141

Tomatensoße, cremig 162

Tomatensoße, fruchtig 162

Tomatentarte
mit Friséesalat 80

Topinamburpfanne 155

Tortellini mit
Süßkartoffelfüllung 88

Vanilleextrakt 232

Vanillepulver 232

Vanillesalz 232

Vanillezucker 232

Walnussbrötchen, fein 198

Wokgemüse, bunt,
mit Korianderöl 119

Zitronencreme, leicht,
mit marinierten Erdbeeren 23

Hinweis:

Gemüse, Obst, Salat und Kräuter vor der Verwendung stets gut waschen und trocken tupfen oder schütteln, nach Bedarf putzen. Den grünen Keim im Knoblauch nach Geschmack entfernen, er kann bitter sein.

Pfeffer immer frisch mahlen.

Wenn möglich, Bio- oder regionale Produkte verwenden.

Bei der Verwendung von Fertigprodukten wie z. B. Ketchup unbedingt auf gute Qualität ohne unerwünschte Zusätze achten.

Gesund isst, wer selber kocht

GESUNDE ERNÄHRUNG – (K)EIN KINDERSPIEL!?

Sich gesund zu ernähren sollte das Einfachste und Selbstverständlichste der Welt sein, aber die verschiedenen modernen Zubereitungswege und die sich daraus ergebenden Lebenskonzepte erzählen eine andere Geschichte. Wir brauchen wieder ein wenig mehr Klarheit in unseren Kochtöpfen – darüber berichtet dieses Buch.

Was Köche in der Ausbildung lernen, hat prinzipiell mit Zubereitungsarten zu tun, die dem Handwerk gehorchen, und befasst sich nur in den seltensten Fällen mit den Konsequenzen, die sich aus der täglichen Nahrungsaufnahme ergeben. Für mich ist es seit jeher eine Selbstverständlichkeit, Lebensmittel so auf den Punkt zuzubereiten, dass wir als Genießer den höchstmöglichen Nutzen daraus ziehen können. „Frisch" und „gesund" waren für mich immer schon miteinander verbunden.

Anfang der 1980er-Jahre erschien „Die neue Küche", die deutsche Übersetzung des Standardwerks des 2018 verstorbenen Ausnahme-Kochs Paul Bocuse. Der Titel war verwirrend, auch für Bocuse selbst, denn er verstand nicht, was am Inhalt seines Buches neu sein sollte. Ganz anders der Titel der Originalausgabe: „La Cuisine du Marché". Dieser Titel ist Konzept – und zwar kein verwirrendes: Auf den Markt gehen, die leckersten Ackerhelden einsammeln und so frisch wie nur möglich genießen. Fertig ist die gesunde Küche! Neu ist hieran nichts.

Heutzutage kennt jeder einen Veganerwitz und in unserem persönlichen Bekanntenkreis sitzt bei den Festen und Feiern immer jemand am Tisch, der alles darf, nur nicht einfach drauflosfuttern. Wir haben uns darauf einzustellen. Die letzte Feier im Hause Vössing brauchte fünf diätetische Konzepte: ein vegetarisches, ein veganes, je eines für Laktoseintoleranz, Low Carb und Rohkost. Ich habe sie umgesetzt und unsere Freunde waren glücklich. Und auch die Vössings als überzeugte Allesfresser waren am Ende satt.

Nur die verschiedenen Glaubensrichtungen, die sich mittlerweile aus der Welt der Kulinarik ergeben, befassen sich nicht mehr in erster Linie mit Speisen, sondern mit den Facetten des gastrosophischen Egomanen. Und im Zuge der mittlerweile aufgeblähten Diskussion um gesunde Ernährung verlieren wir die Einfachheit der Nahrungsaufnahme aus den Augen – was per se schon ziemlich ungesund ist.

Ich behaupte: Gesunde Ernährung ist ein durchweg einfacher Vorgang. Wir vermeiden, wenn irgendwie möglich, Nahrungsmittel, die vorgefertigt oder mit allerlei undurchschaubaren Zusätzen angereichert wurden, und bereiten unsere Nahrung so oft wie möglich mit frischen Zutaten zu. Dies ist die einfachste Formel für eine gesunde Lebensweise, die mir bekannt ist.

Damit mein Ansatz besser zu greifen ist, habe ich in diesem Buch neben den 95 köstlichen Rezepten zehn goldene Regeln für eine gesunde Ernährung für Sie aufgestellt. Sie basieren weitestgehend auf den Empfehlungen der Deutschen Gesellschaft für Ernährung, halten zusätzlich allerdings zahlreiche Insider-Tipps aus meiner Küche für Sie bereit. Denn es ist mir eine Freude, meinen reichen Erfahrungsschatz mit Ihnen zu teilen und Sie auf Ihrem Weg hin zu einer gesünderen Ernährung zu begleiten.

Herzlich Ihre Su Vössing

10

Goldene Regeln für eine gesunde Ernährung

1.
Die Welt isst bunt
Lebensmittelvielfalt feiern

2.
Alles frisch!
Viel Gemüse, etwas Obst

3.
Leben und leben lassen
Tierische Produkte in Maßen

4.
Gut geölt
Auf gesunde Fette setzen

5.
Auf geht's
In Bewegung bleiben

6.
Mach Dampf
Gemüse schonend zubereiten

7.
Das volle Korn
Ballaststoffe für einen gesunden Darm

8.
Pausenzeichen
Erfrischende Schonzeiten einlegen

9.
Zeit für Genuss
Achtsam genießen

10.
Weniger ist mehr
Zucker und Salz einsparen

Frühstück

Wir kennen drei Fraktionen von Frühstückern: die Verweigerer, die vor 12 Uhr keinen Bissen runterkriegen, die Überzeugten, die essen, weil sie wissen, dass es für sie wichtig ist, und die Heißhungrigen, die aufstehen und anfangen zu futtern, als gäbe es kein Morgen. Das Thema Frühstück wird seit einiger Zeit sehr kontrovers diskutiert, und alle drei Fraktionen dürfen sich wissenschaftlich bestätigt fühlen. Welcher Fraktion Sie sich zugehörig fühlen, hat in erster Linie mit Ihrem Temperament, Ihren Lebensgewohnheiten und natürlich mit Ihrem Appetit zu tun.

Allerdings haben wir morgens die allerbeste Gelegenheit, den Stoffwechsel in Ruhe anzukurbeln. Das für meine Familie ideale Frühstück besteht aus eingeweichten Haferflocken, Dinkelkleie, Leinsamen, Nüssen, Früchten – und natürlich aus kaltgepresstem Hanf- und Leinöl. Das gibt uns sehr schnell Energie, hält lange vor und ist obendrein ein Gaumenschmaus.

Damit sind wir mit den wichtigsten Nährstoffen bestens versorgt: mit Vitaminen, Ballaststoffen und sehr gesunden Omega-Fettsäuren, die wir morgens regelmäßig durch die Öle aufnehmen.

Joghurt mit Chiasamen,
WALNÜSSEN UND FRISCHEN FRÜCHTEN

Für 2 Personen

Zubereitungszeit: 10 Minuten

300 g Joghurt (3,5–3,8 % Fett)

15 g Walnussöl
(alternativ anderes Nussöl)

25 g Ahornsirup

20 g Walnüsse, fein gehackt,
plus 2–3 Walnüsse,
grob zerkleinert

15 g Chiasamen

1 EL Blaubeeren,
nach Wunsch halbiert

1 Aprikose, entkernt
und in Spalten geschnitten

je 5 kernlose weiße
und rote Weintrauben

1 EL Granatapfelkerne
(Frischetheke)

Zubereitung

Joghurt mit Walnussöl, Ahornsirup und fein gehackten Walnüssen in eine Schüssel geben und vermengen. Chiasamen zugeben und leicht verrühren.

Joghurt auf zwei Schalen verteilen und mit Früchten und grob zerkleinerten Walnüssen dekorieren.

Tipp

Ich mag es am liebsten, wenn die Chiasamen nicht quellen; sie schmecken dann wunderbar nussig. Dann sollte man allerdings darauf achten, etwas mehr Flüssigkeit zu sich zu nehmen.

Leinsamen-Bananen-Pfannkuchen

MIT MARINIERTEN ERDBEEREN

Zubereitung

Bananen und Eier in einem hohen Mixbecher mit einem Pürierstab cremig mixen. Dinkelmehl, 15 g Ahornsirup, Backpulver, Zimt und 1 Prise Meersalz einmixen, bis ein glatter Teig entstanden ist. 15 Minuten quellen lassen.

Erdbeeren mit 50 g Ahornsirup und 1 Prise Meersalz (das hebt den Geschmack) vermengen. Bis zum Servieren ziehen lassen.

Leinsamen in den Teig rühren. Bei mittlerer Temperatur in einer Pfanne in Öl von beiden Seiten kleine Pfannkuchen backen.

Basilikumblätter unter die Erdbeeren heben und die Früchte mit den Pfannkuchen servieren.

Für 2–3 Personen

Zubereitungszeit: 15 Minuten
Ruhezeit: 15 Minuten

2 vollreife Bananen, geschält

2 Eier (Größe L)

40 g Dinkelmehl (Type 630)

65 g Ahornsirup

¼ TL Backpulver

¼ TL Zimt

feines Meersalz

300 g Erdbeeren, geviertelt

20 g Leinsamen

Pflanzenöl zum Braten

10 kleine Basilikumblätter

Mango mit Quark,

LEINSAMEN UND HAFERKLEIE

Für 2 Personen

Zubereitungszeit: 10 Minuten

250 g Magerquark

25 g Ahornsirup

5 g Leinöl plus 1–2 TL
zum Dekorieren

5 g Hanföl

50 g Mineralwasser
mit Kohlensäure

25 g Leinsamen

25 g Haferkleie

½ reife Mango, geschält,
entkernt, die Hälfte davon
in Scheiben, die andere
in Würfel geschnitten

Minzblätter zum Dekorieren

Zubereitung

Quark mit Ahornsirup, Lein- und Hanföl in eine Schüssel geben und gut vermengen, das Mineralwasser zugeben und alles gut verrühren. Anschließend auf tiefe Teller verteilen.

Leinsamen mit Haferkleie und Mango auf den Tellern anrichten, mit Minze dekorieren und zum Schluss noch etwas Leinöl über den Quark träufeln.

Jäger, Sammler, Flexitarier: Es gibt Empfehlungen, die unumstritten von allen Wissenschaftlern unterschrieben werden. Eine davon ist die abwechslungsreiche Ernährung. Aber wie kommt es eigentlich dazu, dass der Mensch derart vielfältige Nahrung zu sich nehmen kann? Es muss wohl schon weit vor der neolithischen Revolution tief in uns Menschen „eingebrannt" worden sein, dass wir in der Regel als Mischköstler am sorglosesten durchs Leben kommen. Bevor wir sesshaft wurden,

verspeisten wir alles Mögliche, und rund um diese Vielfalt haben wir immerhin 200 000 Jahre lang unser Leben organisiert.

Diese Vielfalt tut nicht nur unserer Gesundheit gut, sondern erfreut auch unsere Gaumen. Wir können mit unterschiedlichen Lebensmitteln experimentieren, neue Geschmackskombinationen entdecken und gleichzeitig uns und unseren Liebsten etwas Gutes tun.

1.

Die Welt isst bunt

Lebensmittelvielfalt feiern

Leichte Zitronencreme

MIT MARINIERTEN ERDBEEREN

Zubereitung

Für die Creme Gelatine 3–4 Minuten in kaltem Wasser einweichen.

Sahne in einem hohen Mixbecher cremig aufschlagen. Eier mit Zucker in eine Rührschüssel geben und mit dem Schneebesen der Küchenmaschine auf mittlerer bis hoher Geschwindigkeit 3–4 Minuten ebenfalls cremig aufschlagen.

Ein Drittel vom Zitronensaft aufkochen, anschließend vom Herd nehmen. Eingeweichte Gelatine ausdrücken und in den warmen, aber nicht mehr kochenden Zitronensaft rühren, restlichen Zitronensaft zugeben und gut vermengen. Küchenmaschine auf kleine Stufe stellen und den Zitronensaft in die Ei-Zucker-Masse laufen lassen, noch 1 Minute weiterrühren.

Sahne mit einem Schneebesen unter die Masse heben. In eine Schüssel füllen und mindestens 2 Stunden im Kühlschrank durchkühlen lassen.

Erdbeeren 20 Minuten vor dem Servieren mit Ahornsirup und Meersalz vorsichtig vermengen und ziehen lassen.

Die gekühlte Creme gemeinsam mit den marinierten Erdbeeren servieren.

Tipp

Falls man Zitronen verwendet, die nicht viel Saft geben (mit einer ausprobieren), die ganzen Früchte erst 1 Minute in kochendes Wasser, anschließend in Eiswasser geben. So werden sie „saftiger".

Für 4 Personen

Zubereitungszeit: 20 Minuten
Kühlzeit: 2–3 Stunden

Creme:

4 Blatt Gelatine

300 g Sahne

3 Eier (Größe M)

120 g Zucker

150 g Zitronensaft
(von ca. 3–4 Zitronen)

Erdbeeren:

300 g frische Erdbeeren,
in Scheiben geschnitten

2 EL Ahornsirup

1 Prise feines Meersalz

Birchermüsli

MIT KALTGEPRESSTEN ÖLEN UND NÜSSEN

Für 2–3 Personen

Zubereitungszeit: 10 Minuten

**Ruhezeit: 1–2 Stunden,
besser über Nacht**

Basis:

50 g Haferflocken

30 g Walnüsse, grob zerstoßen,
plus einige ganze Walnüsse
zum Dekorieren

20 g Mandeln, grob zerstoßen,
plus einige ganze Mandeln
zum Dekorieren

10 g Sonnenblumenkerne

10 g Leinsamen

10 g Haferkleie

4 getrocknete Datteln
(z. B. Medjool-Datteln),
entkernt und gewürfelt

300 g Milch (alternativ
Nuss- oder Getreidemilch)

Einlage:

1 Apfel, entkernt und gerieben

1 EL kaltgepresstes Hanföl

1 EL kaltgepresstes Leinöl

1 EL kaltgepresstes Marien-
distelöl (alternativ Walnuss-
oder Aprikosenkernöl)

Mandarinen, Erdbeeren,
Weintrauben, Melonenstücke,
Orangen oder Beeren
zur Dekoration

Zubereitung

Für die Basis Haferflocken, zerstoßene Walnüsse und Mandeln, Sonnenblumenkerne, Leinsamen, Haferkleie, Datteln und Milch in eine Schüssel
geben, alles gut miteinander vermengen, abdecken und 1–2 Stunden bei
Zimmertemperatur, besser über Nacht im Kühlschrank, ziehen lassen.

Für die Einlage geriebenen Apfel mit den kaltgepressten Ölen in das
Müsli geben, alles gut vermengen und mit frischen Früchten sowie ganzen Nüssen und Mandeln servieren.

Graubrot

MIT FRISCHKÄSE UND KIWI

Zubereitung

Kiwis mit einem kleinen Messer rundum zickzackförmig einschneiden, die Hälften auseinanderziehen. Die Haut an den Zackenenden einschneiden und mit dem Messer vom Fruchtfleisch lösen. Haut und Früchte leicht auseinanderdrücken; so erhält man eine Blüte (siehe Foto).

Rinde vom Brot abschneiden, die Scheiben halbieren. Frischkäse in einen Einmalspritzbeutel füllen, die Spitze abschneiden und unterschiedlich große Tupfen auf die Brotscheiben spritzen.

Brote mit Minze, Rucola, Johannisbeeren und Frühlingslauch dekorieren und mit den Kiwis anrichten.

Für 2 Personen

Zubereitungszeit: 15 Minuten

1 grüne Kiwi

1 gelbe Kiwi

2 dicke Scheiben Graubrot mit Kernen oder Nüssen

100–150 g Ziegen- oder Doppelrahmfrischkäse

16–20 kleine Minzblätter

16–20 kleine Rucolablätter

1–2 Rispen Johannisbeeren, vom Stiel gezupft

1 Stange Frühlingslauch, in dünne Scheiben geschnitten

Porridge

MIT HIMBEERSOSSE UND FRISCHEN HIMBEEREN

Für 2 Personen

Zubereitungszeit: 15 Minuten

Himbeersoße:

125 g frische oder TK-Himbeeren

80 g Ahornsirup

Porridge:

60 g zarte Haferflocken

20 g Chiasamen

450 g Milch

1 Prise Meersalz

100–125 g frische Himbeeren

Minzblätter zum Dekorieren

Zubereitung

Für die Soße Himbeeren mit Ahornsirup in einen kleinen Topf geben, aufkochen und bei geringer Hitze 2–3 Minuten köcheln lassen. Anschließend durch ein feines Sieb passieren.

Für den Porridge Haferflocken und Chiasamen in einer Pfanne ohne Fett anrösten. Milch mit Meersalz in einen Topf geben, Haferflocken und Chiasamen einrühren. Unter Rühren aufkochen und bei geringer Hitze 3–4 Minuten köcheln lassen. Immer wieder umrühren. Porridge vom Herd nehmen und abgedeckt 2 Minuten ziehen lassen.

Porridge mit Himbeersoße, frischen Himbeeren und Minze anrichten.

Kräftiges Bauernfrühstück

Für 2 hungrige Frühstücker oder zum Brunch

Zubereitungszeit: 15 Minuten

Backzeit: 13–15 Minuten

100 g getrocknete Soft-Tomaten, geviertelt

80 g Olivenöl

1 kleine Knoblauchzehe, geschält und halbiert

2 Scheiben kräftiges Roggenbrot (ca. 100 g pro Scheibe)

1 reife Avocado, halbiert, entkernt, Fruchtfleisch aus der Schale gelöst und in Scheiben geschnitten

120–130 g weiße Champignons, Köpfe geschält und in feine Scheiben geschnitten

feines Meersalz und Pfeffer

200 g Magerquark

15 g Leinsamen

30 g Berg- oder Cheddarkäse, gerieben

1 gehäufter TL Honigsenf

1 Ei (Größe L), getrennt

3–4 Radieschen, in feine Scheiben geschnitten

6–8 Petersilienblätter

Tipp

Eine kleinere Menge der Tomatenmasse lässt sich nur schwer mixen. Die zweite Hälfte hält sich im Kühlschrank aufbewahrt ca. 1 Woche und kann dann auch für Nudelgerichte verwendet werden.

Zubereitung

Backofen auf 220 °C Umluft vorheizen. Soft-Tomaten mit Olivenöl und Knoblauch in einen hohen Mixbecher geben und mit einem Stabmixer kräftig durchmixen. Die Hälfte der Masse auf den beiden Brotscheiben verteilen.

Brote auf ein mit Backpapier belegtes Backblech legen und die Avocadoscheiben darauf verteilen. Champignonscheiben auf die Avocado legen. Ganz leicht salzen.

Quark mit Leinsamen, Käse, Honigsenf und Eigelb verrühren, mit Meersalz und Pfeffer würzen. Eiweiß mit 1 Prise Salz steif schlagen und unter die Quarkmasse heben. Masse großzügig auf den Brotscheiben verteilen und die belegten Brote 13–15 Minuten im Ofen überbacken.

Anschließend mit Radieschen und Petersilie dekorieren und warm servieren.

Bananencookies

UND HIMBEERBUTTERMILCH

Für 20–22 Cookies und 625 g Buttermilch

Zubereitungszeit: 15 Minuten

Backzeit: 2 x 22–25 Minuten

Cookies:

4 reife Bananen, geschält

150 g zarte Haferflocken

100 g Kürbiskerne, grob gehackt

50 g Rosinen

1 TL Zimt

1 gute Prise Fleur de Sel

Buttermilch:

500 g kalte Buttermilch, siehe Seite 218

125 g frische Himbeeren (alternativ aufgetaute TK-Himbeeren)

Zubereitung

Für die Cookies Backofen auf 180 °C Ober-/Unterhitze vorheizen. Bananen in einen hohen Mixbecher geben und mit dem Stabmixer cremig mixen.

Die übrigen Zutaten in eine Schüssel geben und gut vermengen, den Bananenbrei zufügen und alles gut verrühren.

Zwei Backbleche mit Backpapier belegen. Teigmasse mithilfe eines Ausstechrings (6 cm Durchmesser) und Löffels gleichmäßig auf den Backblechen verteilen. (Dabei darauf achten, immer ungefähr die gleiche Menge an Teig zu verwenden, da sonst die Backzeit der Cookies unterschiedlich ist.) Bleche separat in den Ofen schieben, die Cookies nacheinander je 22–25 Minuten backen, zwischendurch die Bleche einmal drehen. Cookies anschließend abkühlen lassen.

Für die Buttermilch alle Zutaten mit dem Stabmixer in einem hohen Mixbecher luftig aufmixen.

Himbeerbuttermilch in Gläser füllen und gemeinsam mit den Cookies servieren.

Tipps

Die Bananen kaufe ich schon sehr reif und lasse sie bei Zimmertemperatur noch so lange liegen, bis sie schwarz sind. Dann sind sie einmalig im Geschmack. Keine Angst: Die Bananen werden nur von außen ganz schwarz, innen sind sie aber noch gut.

Die Cookies lassen sich ausgekühlt in einer fest verschließbaren Dose gut aufbewahren.

Übrig gebliebene Buttermilch fülle ich in eine Flasche mit Drehverschluss und bewahre sie im Kühlschrank auf, so hält sie sich ein paar Tage.

Zum Mitnehmen

KLEINIGKEITEN FÜR UNTERWEGS
UND ZWISCHENDURCH

Eine der großen Herausforderungen für die „Gesundgenießer" sind die Speisen außer Haus. Im Alltag scheitert es an der Vorbereitung, weil wir wirklich schon genug zu tun haben und abends einfach müde sind. Dennoch kommen wir „Gesundesser" nicht daran vorbei, uns so viele Speisen wie nur möglich selbst mit auf den Weg zu geben, ansonsten verlieren wir die Übersicht über die Inhaltsstoffe, die für unser Wohlbefinden entscheidend sind.

In aller Regel wird in unseren Kantinen und in der Systemgastronomie mit Produkten gearbeitet, die oft das Gegenteil dessen sind, was ich Ihnen empfehlen kann. Lassen Sie sich von diesem Kapitel inspirieren, um davon auch konzeptionell so viel wie möglich in Ihren Alltag einfließen zu lassen.

Lunchbox

MIT GERÄUCHERTER MAKRELE UND SONNENWEIZEN

Für 1 Person

Zubereitungszeit: 15 Minuten
Garzeit: 12–15 Minuten

80 g Sonnenweizen

Meersalz

je 100 g kernlose weiße
und rote Weintrauben, halbiert

100 g Salatgurke, klein gewürfelt

¼ rote Paprikaschote,
entkernt und fein gewürfelt

20 g rote Zwiebel, geschält
und in dünne Ringe geschnitten

20 g Staudensellerie,
fein gewürfelt

20 g Rucola

40–50 g geräucherte Makrele,
gehäutet und in Stücke
geschnitten (alternativ Räucherlachs, kalte Roastbeefscheiben
oder gegartes Geflügel)

helle Balsamicovinaigrette,
siehe Seite 161

Zubereitung

Sonnenweizen in kochendes Salzwasser geben, erneut aufkochen und bei mittlerer Hitze ohne Deckel 12–15 Minuten garen. Anschließend auf ein Sieb abgießen, kalt abspülen und gut 5 Minuten abtropfen lassen.

Sonnenweizen mit Weintrauben, klein geschnittenem Gemüse, Rucola und Makrele in eine gut verschließbare Box geben. Vinaigrette in einer verschließbaren Flasche oder Dose separat abfüllen.

Gewünschte Menge Vinaigrette vor dem Essen über den Salat geben und alles vorsichtig vermengen.

Tipp

Ich koche immer gleich mehr Sonnenweizen auf Vorrat, das hilft bei der schnellen Küche am Abend.

Sonnenweizen ist vorgegarter Hartweizen. Ein super Ersatz für Nudeln und schnell in der Zubereitung. Er lässt sich ähnlich verwenden wie Graupen, ist aber feiner in Geschmack und Mundgefühl. Zudem hat er weniger Kalorien als Risottoreis.

Gewürzcracker

MIT VEGETARISCHEM BROTAUFSTRICH

Für ca. 30 bestrichene Cracker

Zubereitungszeit: 25 Minuten

Backzeit: 2 x 15–18 Minuten

Zubereitungszeit Aufstrich: 5 Minuten

Cracker:

125 g Milch (alternativ Nuss- oder Getreidemilch)

50 g Butter, in kleine Stücke geschnitten

250 g Kichererbsenmehl plus mehr zum Arbeiten

1 ½ TL Fleur de Sel

7 g Fenchelsamen oder Anis

7 g Kreuzkümmel

Aufstrich:

400 g Kidneybohnen (Dose), abgetropft und abgespült

185–200 g Räuchertofu, gewürfelt

80 g Ahornsirup

1 EL getrocknete Kräuter der Provence

1 TL Majoran

2–3 gute Prisen Chiliflocken

Meersalz

Zubereitung

Für die Cracker Backofen auf 200 °C Ober-/Unterhitze vorheizen. Milch mit Butter in einem kleinen Topf erwärmen, bis die Butter geschmolzen ist. Mit Kichererbsenmehl und 1 TL Fleur de Sel in die Rührschüssel einer Küchenmaschine geben und mit dem Flachrührer zu einem Teig verarbeiten. Zwischen zwei Lagen Frischhaltefolie leicht ausrollen und 15 Minuten im Kühlschrank ruhen lassen.

Teig anschließend zwischen den Frischhaltefolienschichten 4–5 mm dick ausrollen, Folien entfernen und mit einem Ausstechring (6 cm Durchmesser) Kreise ausstechen. Auf zwei mit Backpapier belegte Backbleche legen, mit einer Gabel mehrfach einstechen, leicht mit Wasser bestreichen. ½ TL Fleur de Sel mit Fenchel bzw. Anis und Kreuzkümmel vermischen und auf die Cracker streuen.

Übrigen Teig wieder zusammendrücken, ausrollen, ausstechen und bestreuen. Diese Arbeitsschritte so oft wiederholen, bis kein Teig mehr übrig ist. Bleche separat in den Ofen geben und die Cracker nacheinander jeweils 15–18 Minuten backen.

Für den Aufstrich alle Zutaten in einem elektrischen Zerkleinerer auf kleiner Stufe cremig mixen und mit Meersalz würzen. (Alternativ Kidneybohnen und Tofu zweimal durch den Fleischwolf mit feiner Scheibe lassen und dann mit den restlichen Zutaten vermengen.)

Cracker gemeinsam mit dem Aufstrich servieren.

Tipp

Übrig gebliebener Aufstrich hält sich im Kühlschrank 2–3 Wochen, die Cracker bei trockener Lagerung eine gute Woche.

Blumenkohl-Taboulé

Für 4 Personen

Zubereitungszeit: 15–18 Minuten

500 g Blumenkohl mit Strunk,
in grobe Stücke geteilt

Meersalz und Pfeffer

500 g Fleisch-
oder Ochsenherztomaten

4–6 mittelgroße Tomaten

40 g glatte Petersilie,
Blättchen gehackt

30 Minzblätter, gehackt

30–50 g Zitronensaft
(von ca. ½–1 Zitrone)

40 g Olivenöl

Zubereitung

Blumenkohl mit einem elektrischen Zerkleinerer zerkleinern. In kochendes Salzwasser geben, erneut aufkochen lassen, dann sofort mit einer Schaumkelle oder einem Sieb herausnehmen und in eine Schüssel mit eiskaltem Wasser geben. Anschließend 5–6 Minuten auf einem Sieb abtropfen lassen.

Die Fleischtomaten (ohne sie anzustechen oder anzuschneiden) im stark kochenden Wasser (Blumenkohlwasser) 10–12 Sekunden blanchieren, anschließend in Eiswasser geben. Die mittelgroßen Tomaten 5 Sekunden blanchieren und ebenfalls in das Eiswasser geben. Tomaten nach 1–2 Minuten aus dem Wasser nehmen, die Haut abziehen. Tomaten vierteln, die Kerne entfernen und anderweitig verwenden. Die großen Tomatenviertel anschließend in Würfel schneiden.

Blumenkohl, Tomaten, Petersilie und Minze in einer Schüssel vorsichtig mischen, Zitronensaft zugeben, mit Salz und Pfeffer abschmecken. Zum Schluss Olivenöl zugeben und alles gut miteinander vermengen.

Orangen-Couscous-Salat

MIT KLEINEN KALBFLEISCHBÄLLCHEN

Für 2 Personen

Zubereitungszeit: 20–25 Minuten

Garzeit: 5 Minuten

Orangen-Couscous-Salat:

200 g Couscous

300 g Orangensaft
(von ca. 3 Orangen)

20 g Olivenöl

Meersalz und Pfeffer

2 Orangen

15 g glatte Petersilie, Blättchen
fein gehackt

15 g Rucola, fein gehackt

Fleischbällchen:

250 g Kalbsschnitzel

1 EL gemischte Kräuter
(TK, nach Wunsch mit Zwiebeln)

1 gestrichener TL indische
Gewürzmischung,
siehe Seite 231

1 Msp. gemahlener Kreuzkümmel

Meersalz

½ EL Kokosöl

Außerdem:

½ Bund Rucola

Joghurt (3,5–3,8 % Fett)

Zubereitung

Für den Salat Couscous in eine Schüssel geben. Orangensaft mit Olivenöl, etwas Meersalz und Pfeffer einmal kräftig aufkochen, dann zum Couscous geben. Alles gut vermengen, mit einem Deckel oder Teller abdecken und 10 Minuten ziehen lassen.

In der Zwischenzeit die Orangen filetieren, dafür mit einem scharfen Messer Schale und weiße Haut entfernen und ganz eng neben der Scheidewand in eine Orangenspalte hineinschneiden. Auf der gegenüberliegenden Seite der Spalte ebenso verfahren und das Filet herauslösen. Die übrigen Filets auf die gleiche Weise herausschneiden. Dabei am besten über einer Schüssel arbeiten und den Saft auffangen. Orangenfilets und Saft zum Couscous geben. Petersilie und Rucola unterrühren.

Für die Fleischbällchen das Fleisch gut gekühlt in kleine Stücke schneiden. Kräuter und Gewürze zugeben, mit Meersalz würzen und im Zerkleinerer 1–2 Minuten im Pulsmodus mixen. Aus der Masse mit feuchten Händen 12 kleine Fleischbällchen formen und in einer heißen Pfanne in Kokosöl bei mittlerer Hitze 3–4 Minuten rundum knusprig braten.

Zum Mitnehmen separat verpacken, die Kalbfleischbällchen nach Wunsch noch mit Rucola und Joghurt dekorieren.

Spinat-Feta-Taschen

MIT HASELNÜSSEN

Für 2–3 Personen

Zubereitungszeit: 20 Minuten

Backzeit: 10–12 Minuten

25 g Butter

Meersalz und Pfeffer

500 g frischer Spinat (alternativ aufgetauter TK-Spinat)

50 g Fetakäse, zerbröckelt

40 g Paniermehl

8 Scheiben Dinkel-Sandwichbrot

1 Eigelb, mit 2 EL Milch verrührt

40 g Parmesan, gerieben

40 g Haselnüsse, gerieben

Zubereitung

Backofen auf 200 °C Umluft vorheizen. Einen großen Topf auf höchster Stufe erhitzen, die Butter darin schmelzen, mit etwas Meersalz und Pfeffer würzen und den Spinat in den Topf geben. Mit einem Deckel schließen, den Spinat nach 30 Sekunden wenden, den Deckel für weitere 30 Sekunden auflegen, dann den Spinat auf ein Sieb geben, abtropfen und etwas auskühlen lassen. Spinat ausdrücken, hacken und mit Fetakäse und Paniermehl vermengen.

Rinde vom Sandwichbrot abschneiden und die Scheiben mit einer Teigrolle flach ausrollen.

Spinatmischung gleichmäßig mittig auf den Broten verteilen. Sandwichscheiben zu Dreiecken zusammenklappen und die Ränder mit einer Gabel andrücken.

Spinat-Feta-Taschen auf ein mit Backpapier belegtes Backblech legen und das mit Milch verrührte Eigelb mit einem Pinsel auftragen. Parmesan mit den Haselnüssen vermengen und gleichmäßig auf den Spinattaschen verteilen.

Im Ofen 10–12 Minuten knusprig backen. Die Taschen schmecken warm und auch kalt sehr lecker.

Gemüse und Obst sind die Grundlage einer ausgewogenen Ernährung. Sie sind reich an wichtigen Nährstoffen und sind kalorienarm und schützen vor vielen Zivilisationskrankheiten. Daher sollte der Großteil unseres Speiseplans aus viel Gemüse und Obst bestehen: Das Wort Lebensmittel sagt schon sehr deutlich, worum es geht. Lebensmittel sind hochvitale Nährstoffeinheiten, die unseren Organismus von den Kraftwerken in den Zellen, den Mitochondrien aus versorgen müssen. Hier entscheidet sich, ob wir Kraft schöpfen oder ob wir uns erschöpfen, ob uns im Alltag im wahrsten Sinne des Wortes der Saft ausgeht oder ob wir unsere Aufgaben energiegeladen erfüllen können. Wenn wir Lebensmittel als Energiebausteine betrachten, dann müssten wir doch konsequenterweise darum bemüht sein, die besten Akkus einzulegen, die wir erhalten können. Leider wählen wir unsere Nahrungsmittel oft nach dem Preis aus.

Gemüse als Hauptbestandteil: Im Gegensatz zum tierischen Eiweiß, das für uns auch sehr wertvoll sein kann, wird durch pflanzliches Eiweiß der Körper noch viel umfassender versorgt. Am Beispiel des Kürbisses wird sehr schnell klar, was mit vitalen Nährstoffen gemeint ist: Ganz vorne das Schilddrüsenhormon Thyroxin, das auch dafür geeignet ist, uns stressresistent zu machen. Vitamin B1, B2, B3, C, E, Selen, Jod, Eisen, Kalium, Kupfer, Magnesium, Phosphor, Provitamin A und Vitamin D. Durch das pflanzliche Protein werden im Inneren der Zellen die Prozesse der Eiweißsynthese in Gang gesetzt, was für gesunde Zellen sorgt. Wenn unsere Lebensmittel hochwertig sind, dann haben wir einen entscheidenden Schritt für unsere Gesundheit bereits getan. Für unseren Alltag bedeutet das: In aller Ruhe über den Markt schlendern und die knackigen Produkte besorgen, die uns anlachen.

2.

___

Alles frisch!

Viel Gemüse, etwas Obst

Bananen-Powerriegel

MIT SESAM

Zubereitung

Backofen auf 180 °C Ober-/Unterhitze vorheizen. Bananen in Stücke schneiden und mit Eiern und Sonnenblumenöl in einen hohen Mixbecher geben. Mit dem Stabmixer cremig mixen, anschließend mit den übrigen Zutaten bis auf den Sesam in die Rührschüssel einer Küchenmaschine geben und mit dem Flachrührer auf mittlerer Stufe zu einem cremigen Teig rühren.

Teig halbieren und gleichmäßig auf zwei mit Backpapier belegte Backbleche streichen. (Dafür eignet sich ein Küchenspatel, der zwischendurch in Wasser getaucht wird.) Die Masse mit Sesam bestreuen. Bleche separat in den Ofen schieben und die Teigplatten nacheinander je 40–45 Minuten backen. Zwischendurch die Bleche einmal drehen. Teigplatten herausnehmen und sofort in Stücke schneiden.

Die Riegel vollständig auf einem Kuchengitter auskühlen lassen und in einer gut verschließbaren Dose aufbewahren; sie halten sich so 3–4 Wochen.

Tipp

Mit Apfelspalten sind die Powerriegel ein wirklich guter Snack.

Für 24–36 Stück, je nachdem, wie sie geschnitten werden

Zubereitungszeit: 15 Minuten

Backzeit: 2 x 40–45 Minuten

4 vollreife Bananen, geschält

2 Eier (Größe M)

25 g Sonnenblumenöl

200 g Rohrzucker

250 g weiche Butter

150 g Cranberrys

150 g Soft-Feigen, klein gewürfelt

25 g Flohsamen

2 gute Prisen grobes Meersalz, am besten Fleur de Sel

450 g kernige Haferflocken

150 g feine Haferflocken

2–3 EL ungeschälte Sesamsamen

Sesamomelett

MIT ROTE-BETE-SALAT UND WEINTRAUBEN

Für 2 Personen

Zubereitungszeit: 15 Minuten

Omelett:

3 Eier (Größe M)

15 g Ketjap Manis

15 g schwarze Sesamsamen, ohne Fett geröstet

1–2 TL Sesamöl

30 g Mineralwasser mit Kohlensäure

Ghee zum Braten

Salat:

180 g gegarte Rote Beten, siehe Seite 227, geschält und gewürfelt

je 60 g kernlose weiße und rote Weintrauben, halbiert

2 Aprikosen, entkernt und gewürfelt

½ TL geriebener Ingwer

25 g heller Balsamicoessig

15 g Oliven- oder anderes Pflanzenöl

Abrieb von ¼ Zitrone (siehe auch Tipp)

6–8 Minzblätter, fein geschnitten

Meersalz und Pfeffer

Zubereitung

Eier mit Ketjap Manis, Sesam, Sesamöl und Mineralwasser in eine Schüssel geben und mit einem kleinen, festen Schneebesen gut vermengen, jedoch nicht schaumig schlagen. Beiseitestellen.

Die Zutaten für den Salat in eine Schüssel geben, mit Meersalz und Pfeffer würzen und gut vermengen.

Eine beschichtete Pfanne (24 cm Durchmesser) bei mittlerer Temperatur erhitzen, etwas Ghee hineingeben, schmelzen lassen und den Pfannenboden mit einem Küchenpapier leicht ausreiben. Die Eimasse in drei Portionen teilen und nacheinander in der nicht zu heißen Pfanne bei mittlerer Temperatur nicht zu knusprig braten (sonst werden die Omeletts trocken). Wenden, sobald die Eimasse angezogen ist. Gleich nach dem Garen aufrollen und in Streifen schneiden.

Zum Mitnehmen Omeletts und Salat separat verpacken.

Tipp

Ich habe immer Bio-Zitronen im Tiefkühler, denn gefroren kann man die Schale besser abreiben. Ist die Schale aufgebraucht, lege ich die Zitrone in den Kühlschrank und verwende den Saft zu einem späteren Zeitpunkt. Nach dem Auspressen der Zitronen gebe ich 1–2 Hälften in den oberen Geschirrkorb der Spülmaschine. So wird alles noch strahlender und es duftet herrlich.

Kalte Salatsuppe

MIT TANDOORI-KARTOFFELN

Zubereitung

Für die Kartoffeln Backofen auf 180 °C Umluft vorheizen. Joghurt mit Olivenöl, Tandoorigewürz und etwas Meersalz in einer Schüssel verrühren. Kartoffeln in der Marinade wälzen und auf ein mit Backpapier belegtes Blech geben. Im Ofen 22–25 Minuten backen.

Für die Suppe alle Zutaten in einen Standmixer geben und 30–45 Sekunden kräftig durchmixen. Mit Meersalz würzen.

Zum Mitnehmen Kartoffeln mit übrigen Salatblättern verpacken, die Suppe separat abfüllen.

Tipp

Die Kartoffeln schmecken sowohl warm als auch kalt köstlich – sie können also auch sofort verzehrt werden.

Alternativ kann man kräftigen Salat wie Feldsalat oder Rucola verwenden.

Für 2 Personen

Zubereitungszeit: 20 Minuten
Backzeit: 22–25 Minuten

Tandoori-Kartoffeln:

80 g Joghurt (3,5–3,8 % Fett)

20 g Olivenöl

10 g Tandoori-Gewürzmischung

1 gute Prise feines Meersalz

12–14 Drillinge (kleine Kartoffeln), am Vortag gekocht, gepellt

Suppe:

320 g Joghurt (3,5–3,8 % Fett)

200 g hellgrüner Salat (z. B. Romana-, Kopf- oder Endiviensalat) plus 25 g zum Dekorieren

1 Knoblauchzehe, geschält und halbiert

30 g Zitronensaft (von ca. ½ Zitrone)

Meersalz

Schokoladenflakes

SÜSS UND SALZIG

SÜSSE SCHOKOLADENFLAKES

Für 20–24 Stück

Zubereitungszeit: 20 Minuten

Kühlzeit: 20 Minuten

110 g Bitterschokolade
(70 % Kakaogehalt)

20 g Kokosöl

2 Prisen Fleur de Sel

120 g Rosinen

120 g getrocknete Cranberrys

120 g Erdnüsse,
ohne Fett geröstet

50 g Cornflakes

1–2 EL ungesüßtes Kakaopulver

Zubereitung

Schokolade in eine große Schüssel geben und mit Kokosöl und Fleur de Sel über einem Wasserbad schmelzen.

Rosinen und Cranberrys in einem elektrischen Zerkleinerer etwas zerkleinern. Erdnüsse und Cornflakes ebenfalls grob zerkleinern, alles zur warmen Schokolade geben und gut vermengen. Mit einem Löffel kleine Häufchen auf ein mit Backpapier belegtes Blech setzen, 20 Minuten im Kühlschrank auskühlen lassen, anschließend mit Kakaopulver bestreuen.

Ausgekühlte Schokoladenflakes jeweils in gut verschließbaren Dosen aufbewahren, sie halten sich dann 3–4 Wochen.

SALZIGE SCHOKOLADENFLAKES

Für 20–24 Stück

Zubereitungszeit: 20 Minuten

Kühlzeit: 20 Minuten

110 g Bitterschokolade
(70 % Kakaogehalt)

20 g Kokosöl

2 Prisen Fleur de Sel
plus mehr zum Bestreuen

1 TL getrocknete Kräuter
der Provence

120 g Cashewkerne

120 g Walnüsse

50 g Cornflakes

120 g Sonnenblumenkerne

1 TL Chiliflocken zum Bestreuen

Zubereitung

Schokolade in eine große Schüssel geben und mit Kokosöl, Fleur de Sel und Kräutern der Provence über einem Wasserbad schmelzen.

Cashewkerne mit den Walnüssen in einem elektrischen Zerkleinerer etwas zerkleinern. Cornflakes ebenfalls grob zerkleinern und alles mit den Sonnenblumenkernen zur warmen Schokolade geben. Gut vermengen. Mit einem Löffel kleine Häufchen auf ein mit Backpapier belegtes Blech setzen, mit etwas Fleur de Sel und Chiliflocken bestreuen und 20 Minuten im Kühlschrank auskühlen lassen.

Mittagessen

DAMIT SIE KÖRPERLICH UND GEISTIG
BEI KRÄFTEN BLEIBEN

Es muss für uns die Möglichkeit bestehen, unbeschwert und dennoch ge-
stärkt vom Mittagstisch aufzustehen. Meine Idee auf dem Weg dorthin ist,
alle Speisen, die uns das Leben schwer machen, zu reduzieren und frische
und gesunde Gemüsesorten in unseren Speiseplänen prominent zu etablie-
ren. Das ist kein diätetisches Gesund-Prinzip, sondern ein Erfahrungswert.
Meine 20-jährige Kochpraxis in Frankreich hat mir zu dem Fundament ver-
holfen, auf dem mein Verständnis für Speisen ruht.

Besonders aufschlussreich war es zu sehen, dass in romanischen Ländern
Fleisch, Gemüse und Beilagen in aller Regel getrennt zubereitet werden. Mir
persönlich gefällt das gut. Und schon bald merkte ich, dass ich nur das Ver-
hältnis der Beststandteile auf dem Teller ändern musste – nicht die Größe
der Portionen. Von Mangel also keine Rede!

Rührei

MIT BRATKARTOFFELN, SPINAT UND SENFSOSSE

Für 2 Personen

Zubereitungszeit: 15 Minuten

Soße:

80–100 g Sahne

1–2 TL Honigsenf

Meersalz

Rührei:

20 g Butter

250 g Kartoffeln (z. B. Drillinge),
gekocht, gepellt
und in Scheiben geschnitten

feines Meersalz

4 Eier (Größe L)

20 g Sahne

50 g Babyspinat

½ rote Chilischote,
in Ringe geschnitten

Zubereitung

Für die Soße Sahne mit Senf und etwas Meersalz aufkochen und gut verrühren. Bis zum Servieren warm halten.

Für das Rührei Butter in eine große beschichtete Pfanne geben und schmelzen. Kartoffelscheiben zugeben, salzen und 3–4 Minuten bei mittlerer Temperatur anbraten.

Eier in einer Schüssel aufschlagen, Sahne zugeben, leicht salzen und mit einer Gabel locker verquirlen, dabei nicht zu stark schlagen.

Spinat zu den Kartoffeln geben, kurz angehen lassen, dann die Eimasse zugeben und mit einem Küchenspatel vorsichtig vom einen zum anderen Ende schieben. Einmal wenden, dabei behutsam arbeiten.

Rührei mit der Soße und den Chiliringen anrichten.

Ravioli

MIT INDISCHER LINSENFÜLLUNG

Für 4 Personen (20 Stück)

Zubereitungszeit: 50–60 Minuten

Ruhezeit: 60 Minuten

Garzeit: 2 Minuten

Teig:

200 g Pastamehl
plus mehr zum Arbeiten

100 g kaltes Wasser

10 g Olivenöl

2 g Meersalz

verquirltes Eiweiß
zum Bestreichen

Füllung:

20 g Ghee

½ TL indische Gewürzmischung,
siehe Seite 231

70 g Schalotten, geschält
und gewürfelt

200 g getrocknete rote Linsen

350–375 g Wasser

1 TL Rohrzucker

Meersalz

Soße:

150 g Sahne

20 g Tomatenmark

15–20 g Weißwein, Brühe
oder Mineralwasser

½ TL getrocknete Kräuter
der Provence

Chiliflocken

Meersalz

Außerdem:

Basilikumblättchen
zum Dekorieren

Zubereitung

Für den Teig alle Zutaten bis auf das Eiweiß in die Rührschüssel einer Küchenmaschine geben, mit dem Flachrührer auf mittlerer Stufe 2–4 Minuten vermengen. (Der Teig sollte aussehen wie grober Streuselteig.) Anschließend mit den Händen durcharbeiten, zu einer Kugel formen und mit einem Messer kreuzweise einschneiden. Teig in eine Glasschüssel legen, mit Frischhaltefolie abdecken und 1 Stunde bei Zimmertemperatur ruhen lassen.

Für die Füllung Ghee in einem Topf schmelzen, Gewürzmischung zugeben und unter Rühren leicht anrösten. Schalotten zugeben und 1 Minute mit anschwitzen. Linsen auf einem Sieb waschen, gut abtropfen lassen, zugeben und alles vermengen. Nach und nach Wasser zugeben. Anschließend 6–8 Minuten kochen lassen. Mit Rohrzucker und etwas Meersalz würzen.

Teig halbieren, jede Hälfte etwas flach drücken und nacheinander beginnend auf Stufe 1 bis Stufe 6–7 durch die Nudelwalze drehen. Ein wenig Pastamehl auf die Arbeitsfläche geben, die Teigstreifen darauflegen und mit einem Ausstecher Teigquadrate ausstechen. Teigreste aufbewahren und bis zur Weiterverarbeitung in Frischhaltefolie wickeln. Je 1 TL Füllung mittig auf die Teigquadrate setzen. Zwei aufeinander zulaufende Ränder leicht mit Eiweiß bestreichen, die Quadrate zu Dreiecken falten, die Ränder gut andrücken. Anschließend auf ein mit Pastamehl bestreutes Backblech legen. Die Teigreste erneut zusammendrücken, durch die Nudelwalze lassen, ausstechen, füllen und verschließen, bis der gesamte Teig verarbeitet ist. Ravioli 15–20 Minuten ruhen lassen.

Für die Soße alle Zutaten in einem Topf aufkochen, abschmecken und mixen. Ravioli in einen großen Topf mit kochendem Salzwasser legen und gut 2 Minuten kochen lassen. Anschließend abseihen, mit der Soße anrichten und mit Basilikum dekorieren.

Ossobuco

MIT PETERSILIENWURZELN

Für 4 Personen

Zubereitungszeit: 50–60 Minuten
Garzeit: 60 Minuten
Ruhezeit: 60 Minuten

Ossobuco:

1,3–1,4 kg Ossobuco
Pflanzenöl zum Braten
Meersalz und Pfeffer
200 g Zwiebeln, geschält und
in haselnussgroße Würfel
geschnitten

200 g Möhren, geschält und
in haselnussgroße Würfel
geschnitten

200 g Sellerieknolle, geschält
und in haselnussgroße Würfel
geschnitten

½ Stange Lauch (nur weißer Teil),
in Stücke geschnitten

3–4 Knoblauchzehen,
geschält und halbiert

je 3–4 Zweige Rosmarin
und Thymian, mit Küchengarn
zusammengebunden

400 g Tomatenstücke (Dose)
400 g Wasser
Chiliflocken

Petersilienwurzeln:

700–750 g Petersilienwurzeln,
geschält und längs geviertelt
feines Meersalz
3 Zweige Thymian, Blättchen
abgezupft
30 g Olivenöl

Zubereitung

Für das Ossobuco einen großen gusseisernen Topf bei mittlerer Hitze 5 Minuten erhitzen. Fleisch kalt abwaschen und mit Küchenpapier trocken tupfen. Die Fettschicht mit der darunterliegenden Sehne mit einem scharfen Messer mehrmals einschneiden. Temperatur der Platte maximal erhöhen, Öl in den Topf geben und heiß werden lassen. Fleisch salzen und von jeder Seite 3–5 Minuten kräftig anbraten. Herausnehmen, erneut etwas Öl in den Topf geben und das Gemüse mit dem Knoblauch 5 Minuten darin anbraten, zwischendurch umrühren.

Kräuter, Tomaten und Wasser zugeben, aufkochen, alles gut verrühren. Mit Chiliflocken, Meersalz und Pfeffer würzen. Das Fleisch samt ausgetretenem Saft in den Topf geben, aufkochen und mit Deckel 60 Minuten kochen. Anschließend 60 Minuten ohne weitere Hitze im Topf zugedeckt ziehen lassen.

Für die Petersilienwurzeln den Backofen auf 200 °C Umluft vorheizen. Petersilienwurzeln mit Meersalz, Thymian und Olivenöl vermengen und auf ein mit Backpapier belegtes Blech geben. 30 Minuten vor der Fertigstellung des Fleischs in den Ofen schieben und 25–28 Minuten garen. Danach den Ofen ausschalten und die Petersilienwurzeln bis zum Anrichten darin warm halten.

Fleisch aus der Soße nehmen, vom Knochen lösen, Fett und Sehnen entfernen und die Fleischstücke zurück in den Topf geben. Einmal kurz aufkochen, dann mit der Soße, Soßengemüse und Petersilienwurzeln anrichten, nach Wunsch auch mit den Knochen.

Loup de mer

AUF KARTOFFEL-ERBSEN-STAMPF MIT SAFRANSOSSE

Zubereitung

Kartoffeln in Salzwasser 20 Minuten kochen. Erbsen zugeben, aufkochen und 1 Minute kochen lassen. Abgießen und auf dem Herd ausdämpfen lassen. Mit einem Kartoffelstampfer gut zerdrücken, 25 g Olivenöl zugeben und mit einem Holzlöffel oder Küchenspatel gut unterrühren. Warm halten.

Für die Soße Sahne mit Safran in einen Topf geben und ziehen lassen, erst später aufkochen.

Möhren mit 10 g Olivenöl und 50 g Wasser in einen Topf geben, mit Meersalz und Pfeffer würzen, aufkochen und zugedeckt 2–3 Minuten kochen. Anschließend zur Seite stellen.

Fischfilets mit einem scharfen Messer auf der Hautseite kreuzförmig einschneiden und in einer nicht zu heißen Pfanne in Butterschmalz auf der Hautseite anbraten. Die Fleischseite leicht salzen und die Filets bei mittlerer Temperatur weiterbraten, bis ein knuspriger Rand an der Fischhaut erkennbar ist. Erst jetzt wenden und in der Pfanne ohne weitere Hitzezufuhr 5 Minuten ziehen lassen.

Safransahne aufkochen, mit Salz und Pfeffer würzen. Fisch mit dem Stampf, Möhren und der Soße anrichten.

Tipp

Anstelle von Wolfsbarsch kann man auch gut Doradenfilets oder Zander verwenden. Wichtig ist immer, dass die Fischhaut gut geschuppt und das Filet ohne Gräten ist. So hat man den vollen Genuss.

Für 2 Personen

Zubereitungszeit: 20 Minuten

Garzeit: 20 Minuten

250 g vorwiegend festkochende Kartoffeln, geschält und geviertelt

Meersalz und Pfeffer

100 g Erbsen (TK)

35 g Olivenöl

80 g Sahne

½ Dose (ca. 0,5 g) Safranpulver oder -fäden

100 g Möhren, geschält und in dünne Streifen geschnitten

50 g Wasser

2 Filets vom Loup de mer (Wolfsbarsch) à ca. 100 g, küchenfertig (mit Haut, ohne Gräten)

½ EL Butterschmalz oder Ghee

Spaghetti

MIT FELDSALATPESTO

Für 2 Personen

Zubereitungszeit: 15–18 Minuten
Garzeit: 11–13 Minuten

Pesto:

50 g abgezogene Mandeln,
ohne Fett geröstet

35 g Feldsalat

1 kleine Knoblauchzehe, geschält

50 g Olivenöl

Meersalz und Pfeffer

Gewürz-Mandelbrösel:

50 g abgezogene Mandeln,
ohne Fett geröstet

15 g Paniermehl

15 g Hefeflocken

2–3 Prisen Meersalz

Außerdem:

225 g Spaghetti

Meersalz

10 g Feldsalat

Zubereitung

Für das Pesto alle Zutaten in einen hohen Mixbecher geben, mit Meersalz und Pfeffer würzen und mit einem Stabmixer gut durchmixen.

Für die Mandelbrösel Mandeln mit einem elektrischen Zerkleinerer zerkleinern, in eine Schüssel geben und mit Paniermehl, Hefeflocken und Meersalz vermengen.

Spaghetti in einem hohen Topf in kochendem Salzwasser nach Packungsangabe zubereiten. 250 g Kochflüssigkeit abnehmen und zur Seite stellen. Spaghetti auf einem Sieb abtropfen lassen, danach zurück in den Topf geben und mit dem Pesto und etwas Kochflüssigkeit vermengen.

Spaghetti auf tiefe und am besten warme Teller verteilen, mit Feldsalat und Mandelbröseln anrichten.

Tipps

Die restliche Kochflüssigkeit auf den Tisch stellen. So können alle das Pesto nach Bedarf etwas verdünnen, da die Nudeln sich schnell vollsaugen und dann etwas trocken werden.

Die Mandelbrösel halten sich in einem verschlossenen Glas trocken und dunkel gelagert 3–4 Wochen.

Buchweizen-Frikadellen

MIT ZITRONEN-KARTOFFELPÜREE

Für 4 Personen

Zubereitungszeit: 60 Minuten

Gar- und Quellzeit: 20–22 Minuten

Frikadellen:

80 g Buchweizenbulgur

60 g Zwiebeln, geschält
und gewürfelt

25 g Ghee oder Kokosöl

180 g Wasser

50 g (Vollkorn-)Paniermehl

25 g zarte Haferflocken

3–4 Stängel glatte Petersilie,
Blättchen fein gehackt

1 Ei (Größe M)

½ rote Chilischote, entkernt
und fein gewürfelt

1 TL getrockneter Thymian

1 Msp. Ras el-Hanout

Meersalz und Pfeffer

Zitronen-Kartoffelpüree:

1 kg vorwiegend festkochende
Kartoffeln, geschält und
geviertelt

grobes Meersalz

70 g Zitronensaft
(von ca. 1 ½ Zitronen)

2–3 Knoblauchzehen, geschält
und sehr fein gehackt

100 g Olivenöl

Gemüse:

300 g Zwiebeln, geschält,
halbiert und in feine Streifen
geschnitten

15 g Ghee oder
neutrales Pflanzenöl

Meersalz und Pfeffer

3–4 Stangen Frühlingslauch,
in Ringe geschnitten

Zubereitung

Für die Frikadellen Bulgur auf ein Sieb geben, abbrausen und gut abtropfen lassen. Zwiebeln in 15 g Ghee anschwitzen. Bulgur zugeben und vermengen. Wasser angießen, aufkochen, alles 5 Minuten kochen, dann mit Deckel 20 Minuten quellen lassen.

In der Zwischenzeit für das Püree Kartoffeln abgedeckt 20–22 Minuten in Salzwasser kochen.

Für die Frikadellen den gekochten Bulgur mit den restlichen Zutaten bis auf das übrige Ghee in eine Schüssel geben und gut vermengen, mit Meersalz und Pfeffer würzen. Mit feuchten Händen 8 gleich große Frikadellen formen, dabei die Masse mit den Händen gut zusammendrücken. Anschließend etwas ruhen lassen.

Kartoffeln nach der Garzeit abseihen, im Topf auf dem Herd bei voller Hitze kurz ausdämpfen,

anschließend zweimal durch die Kartoffelpresse drücken (das ist wichtig, damit die Masse schön cremig wird). Kartoffelmasse in einen sauberen Topf geben, bei mittlerer Hitze Zitronensaft, Knoblauch und Olivenöl zugeben und gut vermengen, mit Meersalz abschmecken und warm halten.

Frikadellen in einer Pfanne im übrigen Ghee von beiden Seiten 6–7 Minuten braten.

Währenddessen für das Gemüse Zwiebeln in Ghee anbraten, leicht mit Meersalz und Pfeffer würzen, nach 5 Minuten Frühlingslauch zugeben und ebenfalls anbraten.

Frikadellen mit Kartoffelpüree und Gemüse anrichten.

Lachsforelle

MIT BOHNENGEMÜSE

Für 2–3 Personen

Zubereitungszeit: 20 Minuten

Garzeit: 9–12 Minuten

Lachsforelle:

2 Lachsforellenfilets à ca. 180 g,
küchenfertig (ohne Gräten)

feines Meersalz

70–80 g Schalotten, geschält
und fein gewürfelt

1 mittelgroße Knoblauchzehe,
geschält und fein gehackt

15 g glatte Petersilie,
Blättchen fein gehackt

15 g Dill, Spitzen fein gehackt

Abrieb und Saft
von ½ Bio-Zitrone

20 g Olivenöl
plus 1 EL für das Blech

1 TL mittelgroße Kapern plus 1 EL
Einlegeflüssigkeit aus dem Glas

Außerdem:

200 g breite Bohnen

Meersalz

200 g Brot
(z. B. Rucola-Ricotta-Brot,
siehe Seite 194), gewürfelt

20 g Olivenöl

½ Bio-Zitrone,
in Stücke geschnitten

Orangen-Zitronen-Vinaigrette,
siehe Seite 161

Zubereitung

Backofen auf 180 °C Ober-/Unterhitze vorheizen. Ein Backblech mit
Backpapier belegen und dieses mit 1 EL Olivenöl bestreichen. Lachsforellenfilets mit der Hautseite nach unten auf das vorbereitete Blech
legen und nur ganz leicht salzen.

Schalotten, Knoblauch, Petersilie, Dill, Abrieb und Saft der Zitrone,
Olivenöl, Kapern und Kapernflüssigkeit in eine kleine Schüssel geben
und gut miteinander vermengen. Die Kräutermischung auf den beiden
Lachsforellenfilets verteilen und den Fisch 9–12 Minuten im vorgeheiz-
ten Backofen garen.

In der Zwischenzeit Bohnen 3–4 Minuten in kochendem Salzwasser
blanchieren, auf ein Sieb abgießen, mit kaltem Wasser abbrausen und
abtropfen lassen. Brotwürfel mit Olivenöl vermengen und in einer
Pfanne knusprig braten.

Fisch mit Bohnen, knusprigem Brot, Zitronenstücken und Vinaigrette servieren.

Rinderfilet

MIT OFENGEMÜSE UND KRÄUTERDIP

Für 4 Personen

Zubereitungszeit: 30 Minuten
Garzeit: ca. 50 Minuten

Ofengemüse:

700 g Sellerieknolle, geschält
und in Spalten geschnitten

700 g Süßkartoffeln, geschält
und in Spalten geschnitten

6–7 Zweige Thymian, Blättchen
von 2–3 Zweigen abgezupft

50 g Zitronensaft
(von ca. 1 Zitrone)

2 Prisen Chiliflocken

2–3 gute Prisen Meersalz

40 g Pflanzenöl

Dip:

200 g Mayonnaise Natur,
siehe Seite 172

70 g Essiggurken, klein gewürfelt, plus 1–2 EL Gurkenwasser

40 g Schalotten, geschält
und fein gewürfelt

100 g Crème fraîche
(alternativ Schmand)

30 g glatte Petersilie,
Blättchen gehackt

20 Minzblätter, gehackt

Meersalz und Pfeffer

560 g Rinderfilet (am besten
das Mittelstück), 1 Stunde vor
der Zubereitung aus dem Kühlschrank genommen

1 EL Ghee oder Butterschmalz

Tipp

**Ich würze Rinderfilet und
Steaks nicht, da sie meist
genug Struktur und Würze mit-
bringen. Wer mag, gibt
bei Tisch noch etwas Meersalz
und Pfeffer darauf.**

Zubereitung

Für das Gemüse Backofen auf 180 °C Umluft vorheizen. Ein tiefes Back-
blech mit Backpapier belegen. Sellerie und Süßkartoffeln in eine gro-
ße Schüssel geben. Mit Thymianblättchen, Zitronensaft, Chiliflocken,
Meersalz und Öl vermengen. Gemüse mit den Thymianzweigen auf das
Backblech geben und 45–50 Minuten im Ofen garen. Blech nach der
Hälfte der Zeit einmal drehen.

Für den Dip alle Zutaten in eine Schüssel geben und gut durchrühren,
mit Meersalz und Pfeffer würzen und beiseitestellen.

Rinderfilet in 4 gleich große Medaillons schneiden. Damit sie einen bes-
seren Stand haben, zweimal mit Küchengarn umwickeln und in Form
bringen. Medaillons in einer heißen Pfanne in Ghee von allen Seiten 10
Minuten bei mittlerer Temperatur braten. Küchengarn entfernen, die
Medaillons in ein großes Stück Alufolie wickeln und 7–8 Minuten ziehen
lassen.

Rinderfilet mit Gemüse und etwas Dip auf Tellern anrichten. Übrigen
Dip mit auf den Tisch stellen.

Angler brauchen neben den geeigneten Ruten und Ködern, neben Erfahrung und einem guten Standort obendrein noch ein üppiges Maß an Geduld und Zeit. Stellen Sie sich das einmal vor: Sie stehen in einem klaren Wildbach, der Köder schwimmt im Wasser, die Forelle nähert sich, Sie halten still, wagen kaum zu atmen – und dann schwimmt der Fisch einfach an Ihnen vorbei, schaut Sie an und verschwindet. Nach zahllosen weiteren Versuchen und einigen Stunden, die in der Natur verstrichen sind, müssen Sie feststellen, dass heute nichts beißt. Sie packen ein.

Warum erzähle ich das? Ich bin der festen Überzeugung, dass der Grund für unseren teilweise ausufernden und oft auch gedankenlosen Verzehr von Fleisch und Fisch in der leichten Verfügbarkeit zu finden ist; dass uns der Kontakt zu dem Urstoff (dem Lebewesen) aus unserem Erlebnisfeld ab-

handen gekommen ist und wir Fleisch und Fisch nur noch als portionsgerechte Happen besorgen. Das betrifft alle „Schlaraffianer", wir gehören dazu. Aber wenn wir ab und zu darüber nachdenken, dann ist das Bild des Anglers, der eben nur an manchen Tagen Glück hat, vielleicht gar nicht so verkehrt.

Ein weiterer Aspekt ist die Aufzucht unserer Speisetiere, die den Gesetzen des Marktes gehorchen muss. Preiswertes Fleisch wird verlangt, preiswertes Fleisch wird produziert. Aber als Rohstoff für unsere Speisen ist es oft von so mangelhafter Qualität, dass ich als Köchin damit einfach nichts anfangen will. Wir machen es so: Wir besorgen uns das qualitativ beste Fleisch oder den besten Fisch, den unser Umfeld zu bieten hat, und weil es so selten ist, richtig gute Qualitäten zu finden, haben wir genau wie der Angler eben nur an manchen Tagen Glück.

3.

Leben und leben lassen

Tierische Produkte in Maßen

Kalbfleischröllchen

AUF ZUCCHINI UND SONNENWEIZEN

Für 2 Personen

Zubereitungszeit: 25–30 Minuten

100 g Sonnenweizen

feines Meersalz

2 mittelgroße Zucchini,
der Länge nach in
dünne Scheiben geschnitten

2 Kalbsschnitzel à ca. 110–120 g

2 TL Honigsenf

8 Salbeiblätter

½ EL Butterschmalz

20 g Butter

Zubereitung

Sonnenweizen in kochendem Salzwasser bei mittlerer Hitze ohne Deckel 12–15 Minuten garen. Danach auf ein Sieb abgießen und abtropfen lassen.

Während der Sonnenweizen gart, Zucchinischeiben auf ein kleines Backblech geben, leicht salzen und 10 Minuten ziehen lassen. Danach mit Küchenpapier trocken tupfen.

In der Zwischenzeit einen gusseisernen Topf bei geringer bis mittlerer Hitze mindestens 12 Minuten vorheizen.

Kalbsschnitzel mit Honigsenf bestreichen, je 4 lange Zucchinischeiben und jeweils 1 Salbeiblatt darauflegen, das Fleisch aufrollen und die Röllchen mit Rouladennadeln verschließen.

Temperatur der Platte maximal erhöhen, das Butterschmalz in den Topf geben und die Fleischröllchen rundum darin 2 Minuten anbraten. Anschließend mit Deckel bei mittlerer Hitze 6–7 Minuten garen.

Butter in einer großen Pfanne bei hoher Hitze schmelzen und bräunen, die übrigen Salbeiblätter und Zucchinischeiben sowie den Sonnenweizen zugeben, vermengen, leicht mit Meersalz würzen und 2 Minuten garen.

Kalbfleischröllchen auf dem Sonnenweizen-Gemüse anrichten, den Fleischsaft aus dem Topf durch ein kleines Sieb gießen und über das Fleisch träufeln.

Rote-Bete-Risotto

MIT RÄUCHERLACHS

Zubereitung

Butter in einen Topf geben und bei mittlerer Hitze schmelzen. Risottoreis zugeben, alles gut vermengen und 1 Minute anschwitzen. Rote-Bete-Saft nach und nach in kleinen Mengen zugeben und leicht köcheln lassen. Dabei immer gut rühren, sodass sich die Reisstärke vom Korn lösen kann. Anschließend Brühe nach und nach zugeben und das Risotto ca. 20 Minuten unter Rühren garen. Rote-Bete-Würfel und Parmesan zugeben. Alles gut vermengen, einmal aufkochen lassen und mit Meersalz würzen.

Räucherlachs zu Rosen aufdrehen und mit dem Risotto servieren. Mit Dillspitzen dekorieren.

Tipp

Das Gericht ist auch eine super Vorspeise für 4 Personen. Ich gebe gern noch etwas Crème fraîche dazu – versuchen Sie es mal!

Für 2 Personen

Zubereitungszeit: 5 Minuten

Garzeit: 22–25 Minuten

20 g Butter

140 g Risottoreis

300 g Rote-Bete-Saft

200 g Gemüsebrühe, siehe Seite 158

140 g gegarte Rote Beten, siehe Seite 227, geschält und klein gewürfelt

40 g Parmesan, gerieben (alternativ anderer Hartkäse)

Meersalz

140 g Räucherlachs, in Scheiben geschnitten

etwas Dill zum Dekorieren

Tomatentarte

MIT FRISÉESALAT

Für 4 Personen

Zubereitungszeit: 15 Minuten
Backzeit: 23–25 Minuten

Tomatentarte:

275 g Blätterteig
(aus dem Kühlregal)

50 g Mandeln,
mit 1 Prise Meersalz
ohne Fett geröstet

1 kg mittelgroße reife Tomaten,
in dünne Scheiben geschnitten

Meersalz und Pfeffer

1–2 EL heller Rohrzucker

1 EL getrocknete Kräuter
der Provence

40 g Olivenöl

Salat:

1 Kopf Friséesalat

Vinaigrette nach Geschmack,
siehe Seite 161

Zubereitung

Für die Tarte Backofen auf 200 °C Umluft vorheizen. Blätterteig auf ein mit Backpapier belegtes Backblech legen. Mandeln in einem elektrischen Zerkleinerer zerkleinern und gleichmäßig auf dem Blätterteig verteilen.

Tomatenscheiben nicht zu dicht dachziegelartig auf den Blätterteig legen, mit Meersalz und Pfeffer würzen, gleichmäßig mit Zucker und Kräutern der Provence bestreuen und das Olivenöl darüberträufeln.

Tomatentarte 23–25 Minuten im Ofen backen, nach der Hälfte der Backzeit das Blech einmal im Ofen drehen.

Für den Salat Frisée mit der gewünschten Menge Vinaigrette marinieren.

Tomatentarte aus dem Ofen nehmen, in Stücke schneiden und mit dem Salat servieren.

Tipp

Die Tomatentarte lässt sich gut noch einmal im Ofen aufbacken.

Marinierte Hähnchenunterschenkel

MIT GURKEN-RADIESCHEN-SALAT

Für 4 Personen

Zubereitungszeit: 25 Minuten
Marinierzeit: 12–24 Stunden
Garzeit: 45 Minuten

Hähnchen:

8 Hähnchenunterschenkel
feines Meersalz

2–3 Knoblauchzehen, geschält
und gepresst

350 g Joghurt (3,5–3,8 % Fett)

40 g gemischte Kräuter
(z. B. Petersilie, Minze, Kerbel,
Estragon Koriander, Dill),
fein gehackt

Salat:

350 g Salatgurke,
in feine Scheiben geschnitten

120 g Radieschen,
in feine Scheiben geschnitten

100 g Schalotten,
geschält und fein gewürfelt

Meersalz

25 g heller Balsamicoessig

20 g neutrales Pflanzenöl
(z. B. Sonnenblumenöl)

Zubereitung

Für das Hähnchen die Haut von den Hähnchenschenkeln abziehen, die Schenkel salzen. Knoblauch mit dem Joghurt gut verrühren. Schenkel und Joghurtmarinade in einen großen Gefrierbeutel geben, alles gut vermengen, sodass das Fleisch vollständig mit der Marinade überzogen ist. 12–24 Stunden im Kühlschrank marinieren.

Schenkel 1 Stunde vor dem Garen aus dem Kühlschrank nehmen. Backofen auf 200 °C Umluft vorheizen und ein Backblech mit Backpapier belegen. Hähnchenschenkel mit der Hälfte der Joghurtmarinade auf das Backblech geben, übrige Marinade aufbewahren. Fleisch anschließend 40 Minuten im Ofen garen, nach der Hälfte der Zeit das Backblech einmal drehen.

In der Zwischenzeit für den Salat Gurke, Radieschen und Schalotten in eine Schüssel geben, leicht salzen und 10 Minuten ziehen lassen. (Falls sie viel Wasser abgegeben haben, dieses abgießen.) Erst dann den Essig einrühren, zum Schluss das Öl zugeben und alles gut vermengen. Bis zum Servieren ziehen lassen.

Nach Ende der Garzeit die Schenkel mit der restlichen Joghurtmarinade bestreichen, die gehackten Kräuter darauf verteilen und weitere 5 Minuten im Ofen garen.

Hähnchenschenkel gemeinsam mit dem Salat servieren.

Lammpralinen

MIT AUBERGINE

**Für 4 Personen
(20 Pralinen)**

Zubereitungszeit: 40–45 Minuten

Marinierzeit: 12–24 Stunden

Backzeit: 30–35 Minuten

Fleisch:

500 g Lammfleisch aus der Keule

100 g Sherry Medium
(alternativ Traubensaft)

je 1 Msp. gemahlener Piment,
gemahlener Kreuzkümmel,
Chiliflocken und gemahlene
Korianderkörner

1 TL getrockneter Majoran

Meersalz und Pfeffer

1 gute Prise Rauchsalz

100 g Rauchmandeln

Auberginen:

3 Auberginen à ca. 250 g,
der Länge nach geviertelt

feines Meersalz

50 g Olivenöl

1 Knoblauchzehe,
geschält und gepresst

10 g Paprikapulver edelsüß

1 gute Prise Chiliflocken

je 1 Msp. gemahlene Korianderkörner und gemahlener Anis

Zubereitung

Fleisch in walnussgroße Stücke schneiden, mit Sherry, Gewürzen, Majoran, etwas Meersalz, Pfeffer und Rauchsalz in eine Schüssel geben und alles gut miteinander vermengen. Abgedeckt im Kühlschrank 12–24 Stunden ziehen lassen.

Das kalte Fleisch erst durch die grobe, dann durch die feine Scheibe des Fleischwolfs lassen und mit der Marinade vermengen. Abschmecken und mit feuchten Händen 20 gleichmäßige Kugeln aus der Masse formen. Rauchmandeln in einem elektrischen Zerkleinerer zerkleinern und die Lammkugeln darin wälzen. Auf ein mit Backpapier belegtes Backblech legen und bis zum Garen kalt stellen.

Für die Auberginen Backofen auf 180 °C Umluft vorheizen. Auberginen leicht mit Meersalz würzen und 10 Minuten ziehen lassen, danach mit Küchenpapier abtupfen. Olivenöl mit Knoblauch, Paprika, Chiliflocken, Koriander und Anis verrühren. Auberginen auf ein zweites mit Backpapier belegtes Blech legen und mit der Marinade bestreichen.

Lammpralinen und Auberginen im Backofen 30–35 Minuten garen. Nach der Hälfte der Zeit die Bleche im Ofen drehen.

Pralinen und Auberginen gemeinsam auf Tellern anrichten und servieren.

Tipps

Ich serviere gern etwas Joghurt oder Crème fraîche zu diesem Gericht.

Sind die Auberginen dicker und schwerer, verlängert sich die Backzeit oder man schneidet sie in Sechstel statt in Viertel. Bleiben gegarte Auberginen übrig, kann man sie im elektrischen Zerkleinerer gut zu einer Creme mixen und diese nach Wunsch noch mit Gewürzen verfeinern. Diese Auberginencreme schmeckt wunderbar als Brotaufstrich oder zu kurzgebratenem Fleisch oder Geflügel.

Buchweizenbulgur-Salat

MIT PAPRIKA

Zubereitung

Buchweizenbulgur mit Wasser in einem Topf mit Deckel zum Kochen bringen, 3 Minuten bei geringer Hitze kochen lassen, anschließend 15 Minuten ohne Hitze ziehen lassen.

In der Zwischenzeit die Paprika vorbereiten: Schoten mit einem kleinen Messer rundum zickzackförmig einschneiden. Die nun entstandenen Hälften auseinandernehmen, Stiele, Kerne und Scheidewände entfernen. Anschließend die Paprikahaut entlang der Zacken mit dem kleinen Messer einschneiden. Paprikahälften 5–7 Minuten in kaltes Wasser legen, so stellt sich die Paprikahaut auf und es sieht aus wie eine Blüte (siehe Foto). Anschließend auf Küchenpapier abtropfen lassen.

Bulgur in eine Schüssel geben, Datteln, Aprikosen, Gurke und Zitronensaft zufügen, mit Meersalz und Pfeffer gut vermengen. Olivenöl zugeben und zum Schluss die Blaubeeren unterheben.

Rucola auf Tellern auslegen, die Paprikablumen darauf anrichten und mit dem Bulgursalat füllen. Mit Gänseblümchen dekorieren und die Vinaigrette dazu servieren.

Für 2 Personen

Zubereitungszeit: 30 Minuten

80 g Buchweizenbulgur

160 g Wasser

je 1 rote und gelbe Paprikaschote

80 g getrocknete Datteln
(z. B. Medjool-Datteln),
entkernt und gewürfelt

60 g Soft-Aprikosen, gewürfelt

120 g Salatgurke, fein gewürfelt

30 g Zitronensaft
(von ca. ½ Zitrone)

Meersalz und Pfeffer

30 g Olivenöl

50 g Blaubeeren

1 Bund Rucola

Gänseblümchen zum Dekorieren

Orangen-Zitronen-Vinaigrette,
siehe Seite 161

Tortellini

MIT SÜSSKARTOFFELFÜLLUNG

**Für 4 Personen
(20 Stück)**

Zubereitungszeit: 50–60 Minuten

Ruhezeit: 60 Minuten

Garzeit: 2 Minuten

Teig:

200 g Pastamehl
plus mehr zum Arbeiten

100 g kaltes Wasser
plus bei Bedarf etwas mehr

10 g Olivenöl

2 g Meersalz

verquirltes Eiweiß
zum Bestreichen

Füllung:

500 g Süßkartoffeln, geschält
und in Stücke geschnitten

1 TL indische Gewürzmischung,
siehe Seite 231

1 Prise Chiliflocken

1 Msp. Vanillepulver,
siehe Seite 232,
oder Vanillepaste

feines Meersalz

Soße:

250 g Crème fraîche

25 g Weißwein,
Brühe oder Mineralwasser

1 EL gemischte Kräuter (TK)

frische Kräuter zum Dekorieren

Zubereitung

Für den Teig alle Zutaten bis auf das Eiweiß in die Rührschüssel einer Küchenmaschine geben, mit dem Flachrührer auf kleiner bis mittlerer Stufe 2–4 Minuten vermengen. Anschließend mit den Händen durcharbeiten, zu einer Kugel formen und mit einem Messer kreuzweise einschneiden. Teig in eine Glasschüssel legen, mit Frischhaltefolie gut abdecken und 1 Stunde bei Zimmertemperatur ruhen lassen.

In der Zwischenzeit für die Füllung die Süßkartoffelstücke auf einem Sieb über Wasserdampf 22–25 Minuten garen, anschließend mit 30 g Kochwasser, Gewürzen und Salz in einem hohen Mixbecher cremig mixen.

Teig halbieren, jede Hälfte etwas flach drücken und nacheinander beginnend auf Stufe 1 bis Stufe 6–7 durch die Nudelwalze drehen. Ein wenig Pastamehl auf die Arbeitsfläche geben, die Teigstreifen darauflegen und mit einem Ausstecher Teigquadrate ausstechen. Teigreste bis zur Weiterverarbeitung in Frischhaltefolie wickeln. Je 1 TL Füllung mittig auf die Teigquadrate setzen. Zwei aufeinander zulaufende Ränder leicht mit Eiweiß bestreichen, die Quadrate zu Dreiecken falten, die Ränder gut andrücken. Einige Minuten ruhen lassen, anschließend die Ecken der langen Seite mit Eiweiß bestreichen und leicht überlappend zusammendrücken. Tortellini auf ein mit Pastamehl bestreutes Backblech legen. Die Teigreste erneut zusammendrücken, durch die Nudelwalze lassen, ausstechen, füllen und verschließen, bis der gesamte Teig verarbeitet ist. Tortellini 15–20 Minuten ruhen lassen, damit sich die Ränder gut verbinden.

Für die Soße alle Zutaten in einem Topf aufkochen, abschmecken und mixen.

Tortellini in einen großen Topf mit kochendem Salzwasser legen und gut 2 Minuten kochen lassen. Vorsichtig herausnehmen und abtropfen lassen. Tortellini mit der Soße und den frischen Kräutern anrichten.

88

Schnittlauchschnitte

MIT GEFLÜGELCREME

Zubereitung

Für die Füllung Hähnchenbrust mit Zitronenscheiben und Petersilie in einen Topf geben, Wasser angießen, aufkochen und mit Deckel bei niedriger bis mittlerer Temperatur 8 Minuten köcheln lassen. Anschließend weitere 10 Minuten ohne Hitzezufuhr ziehen lassen.

Hähnchenbrust aus dem Sud nehmen (Kochflüssigkeit aufbewahren) und in einem elektrischen Zerkleinerer zerkleinern. Etwas auskühlen lassen, dann mit Ziegenfrischkäse, 1 EL Schnittlauchröllchen und 30–40 g Kochflüssigkeit vermengen. Gut mit Meersalz und Pfeffer würzen.

Die Toastscheiben mit einem quadratischen Ausstecher, der etwas kleiner als die Brotscheiben ist, ausstechen. Die Scheiben mit Ziegenfrischkäse bestreichen, den Schnittlauch gleichmäßig auf 4 Scheiben verteilen (diese Scheiben sind die Deckel).

Eine Toastscheibe in den Ausstecher drücken, ein Viertel der Hähnchenfleischmasse einfüllen und gut andrücken. Den Ausstecher abziehen und den mit Schnittlauch bestreuten Deckel aufsetzen. Mit den restlichen Scheiben ebenso verfahren.

Schnittchen auf Tellern anrichten und mit etwas Radieschengrün, Radieschen und Blüten dekorieren.

Für 4 Personen

Zubereitungszeit: 15–20 Minuten
Garzeit: 20 Minuten

Füllung:

330–350 g Hähnchenbrust, ohne Haut und Knochen

2 Zitronenscheiben

2 Stängel glatte Petersilie

1 l Wasser

150 g Ziegenfrischkäse

1 EL in Röllchen geschnittener Schnittlauch (von den 2–3 Bund abgenommen, s. u.)

Meersalz und Pfeffer

Außerdem:

8 große Scheiben Vollkorn- oder Dinkeltoast

100 g Ziegenfrischkäse

2–3 Bund Schnittlauch, in feine Röllchen geschnitten

8–10 Stück Radieschen mit Grün, in feine Scheiben geschnitten

essbare Blüten zum Dekorieren

Gute Fette – böse Fette! Diese Diskussion wird zurzeit sehr lebhaft geführt, und das zu Recht. Fette sind nur deshalb in Misskredit geraten, weil die ziemlich falsche und doch weit verbreitete Idee „Fett macht fett" zu einer verzerrten Beurteilung geführt hat. Essenzielle Fettsäuren, die wir in den guten Fetten vorfinden, sind lebensnotwendige Nährstoffe und können nur durch die Nahrung aufgenommen werden. Fette und Öle sorgen nicht nur dafür, dass unsere liebevoll zubereiteten Mahlzeiten besonders gut schmecken, sie versorgen unseren Körper außerdem mit diesen lebensnotwendigen essenziellen Fettsäuren. Wie gesund oder ungesund ein Fett oder Öl ist, hängt von der Fettsäuren-Zusammensetzung ab. Man unterscheidet zwischen gesättigten, ungesättigten und mehrfach ungesättigten Fettsäuren. Besonders gut für uns sind die ungesättigten und mehrfach ungesättigten Fettsäuren. Sie finden sich in pflanzlichen Fetten wie Olivenöl oder Rapsöl, in Nüssen und Saaten und in fetten Seefischen wie Lachs oder Makrele. Ungesättigte Fettsäuren sind zum Beispiel gut für unser Herz-Kreislaufsystem. Mehrfach ungesättigte Fettsäuren wie aus Walnüssen oder Lachs, enthalten wertvolle Omega-3-Fettsäuren. Sie wirken entzündungshemmend und fördern unser geistiges und körperliches Wohlbefinden. Um mir etwas Gutes zu tun, mache ich gerne einmal die Woche einen Omega-3-Tag, ganz gleich ob mit Fisch, Kernen, Nüssen oder Ölen. Wenn Sie mit kaltgepressten Ölen wie Distel- oder Aprikosenkernöl kochen, die viele ungesättigte Fettsäuren enthalten, achten Sie unbedingt darauf, dass Sie sie nicht über 80 °C erhitzen, denn dabei entstehen sogenannte Transfette, die als Risikofaktor für Herzkrankheiten und Krebs gelten. Kaltgepresste Öle sollten überdies sortenrein sein, nicht zu alt und Omega-3-Fettsäuren geschützt produziert und gelagert wurden. Besorgen Sie sich am besten kleine Flaschen und verzehren Sie die Portionen in kurzer Zeit. Was wir nur in geringen Mengen verzehren sollten, sind gesättigte Fettsäuren, die vor allem in Fertigprodukten und Fast Food, tierischen Fetten wie Butter und Wurst oder in Kokos- und Palmöl stecken. Sie können sich negativ auf unseren Cholesterinspiegel auswirken und Herz-Kreislauf-Erkrankungen begünstigen.

4.

Gut geölt

Auf gesunde Fette setzen

Garnelen

MIT GEBRATENEM SESAMREIS

Für 4 Personen

Zubereitungszeit: 25 Minuten

160 g Basmatireis

350 g Wasser

Meersalz

20 Garnelen (pro Person
ca. 200–220 g), küchenfertig

10 g schwarze Sesamsamen,
ohne Fett geröstet

10 g ungeschälte Sesamsamen,
ohne Fett geröstet

25 g Reisessig

1–2 EL Pflanzenöl

½ EL Ghee

30 g kalte Butterwürfel
(nach Wunsch)

60 g Babyspinat

Tomatensoße nach Geschmack,
siehe Seite 162, oder
Gemüsesalat, siehe Seite 171

Zubereitung

Reis zweimal in stehendem kaltem Wasser waschen, auf ein Sieb abgießen, mit Wasser in einem Topf aufsetzen und aufkochen. Mit Meersalz würzen, gut durchrühren und 7–8 Minuten bei mittlerer Hitze kochen. Topf abdecken und den Reis ohne weitere Hitze 4 Minuten ziehen lassen.

Garnelen kalt abwaschen und mit Küchenpapier von beiden Seiten trocken tupfen.

Reis in eine Schüssel geben, Sesam und Reisessig einrühren und mit feuchten Löffeln Nocken abstechen. Nocken 3–4 Minuten ruhen lassen, dann in einer großen heißen Pfanne in Pflanzenöl bei mittlerer Temperatur von allen Seiten knusprig braten.

Eine große Pfanne erhitzen, Ghee hineingeben und heiß werden lassen. Garnelen von beiden Seiten kurz anbraten, dann ohne Hitze 3–5 Minuten in der Pfanne ziehen lassen. (Wer mag, gibt noch Butterwürfel in die Pfanne.)

Garnelen mit den Reisnocken und dem Spinat anrichten, die Tomatensoße bzw. den Salat dazu reichen.

Tipp

Dazu passen auch die Cocktailmayonnaise (siehe Seite 172), die Gewürz-Honig-Mayonnaise (siehe Seite 172) und die Vinaigrettes von Seite 161.

Kartoffelspieße

MIT KRÄUTERQUARK

Zubereitung

Für die Kartoffelspieße Backofen auf 200 °C Umluft vorheizen und ein großes Backblech mit Backpapier belegen. Kartoffeln mit einem Spiralschneider schneiden, auf Metall- oder leicht eingefettete Holzspieße stecken, leicht auseinanderziehen und auf das Backblech setzen.

Öl mit Paprikapulver, Kräutern und Meersalz verrühren und auf die Kartoffelspieße streichen. Blech in den Ofen schieben und die Kartoffeln 10 Minuten garen. Ofentemperatur auf 180 °C reduzieren und die Kartoffelspieße 25–30 Minuten knusprig backen.

Währenddessen Quark mit Kräutern in eine Schüssel geben und mit so viel Mineralwasser anrühren, dass er eine cremige Konsistenz annimmt. Mit Meersalz und Pfeffer würzen.

Kartoffelspieße aus dem Ofen nehmen und mit dem Quark auf Tellern anrichten.

Tipp

Wer keinen Spiralschneider hat, kann die Spiralen auch mit einem kleinen Messer zurechtschneiden. Dafür zunächst lange Holzspieße einölen, durch die Kartoffeln stecken und die Knollen mit einem Gemüsemesser rundum spiralförmig bis zum Spieß mehrfach schräg einschneiden – so entsteht eine „Kartoffelschlange".

Für 4 Personen

Zubereitungszeit: 15 Minuten
Backzeit: 35–40 Minuten

Kartoffelspieße:

8 Kartoffeln à ca. 160–180 g

120 g Sonnenblumenöl

20 g Paprikapulver edelsüß oder geräuchert

1 TL getrocknete Kräuter der Provence

1 gute Prise feines Meersalz

Quark:

250 g Magerquark

30 g gemischte frische Kräuter (z. B. Kerbel, Koriander, Dill, Petersilie, Estragon) oder TK, gehackt

Mineralwasser mit Kohlensäure nach Bedarf

Meersalz und Pfeffer

Gebratene Rindfleischstreifen

MIT BUNTEM SALAT

Für 2 Personen

Zubereitungszeit: 20 Minuten

Vinaigrette:

40 g heller Balsamicoessig

Meersalz und Pfeffer

20 g Olivenöl

1 TL Ghee oder Kokosöl

160 g Rinderfilet,
in Streifen geschnitten

Meersalz und Pfeffer

200–250 g gegarte Rote Beten,
siehe Seite 227, geschält
und in Spalten geschnitten

100 g Erbsen (TK), aufgetaut

1 kleine Ringelbete, geschält
und in dünne Scheiben gehobelt

2 kleine Köpfe Romanasalat,
Blätter abgelöst

70 g Schalotten, geschält
und fein gewürfelt

10 Minzblätter, in feine Streifen
geschnitten

Blüten (z. B. Hornveilchen,
Gänseblümchen, Geranien)
zum Dekorieren

Zubereitung

Für die Vinaigrette Essig mit Meersalz und Pfeffer würzen, gut verrühren, dann das Öl einrühren. Zur Seite stellen.

Eine große Pfanne erhitzen, das Ghee zugeben, heiß werden lassen und die Rinderfiletstreifen in die Pfanne geben. Auf höchster Stufe 1–2 Minuten braten, erst dann wenden. Kurz auf der anderen Seite anbraten, anschließend ohne Hitze 1–2 Minuten ziehen lassen. Zum Schluss mit Meersalz und Pfeffer würzen.

Gemüse, Salat, Schalotten und Minze auf Tellern anrichten und mit der Vinaigrette beträufeln. Die Rinderfiletstreifen darauflegen, mit Blüten dekorieren und sofort servieren.

Tipp

Fleisch immer mindestens 30–60 Minuten vor dem Braten aus dem Kühlschrank nehmen, dann bleibt es saftiger.

Gemüseküche

SCHNELL UND EINFACH

Gemüse als Beilage, so wie wir das in unserem Kulturkreis in den letzten Generationen etabliert haben, muss vom Tellerrand in dessen Mitte rücken. Gemüse ist unsere Hauptnahrungsquelle und verdient nicht nur aus diätetischen Aspekten einen Ehrenplatz auf unseren Speiseplänen, sondern sollte sich auch in kulinarischer Hinsicht durchsetzen. Ich habe in diesem Kapitel einige Basics für Sie ausgesucht, die in der Zubereitung einfach sind und von Ihnen nach Geschmack, Lust und Laune variiert werden können.

Wichtig bei der Gemüseküche ist, das Augenmerk auf den Erhalt der wertvollen Inhaltsstoffe zu legen, die durch möglichst schonende Zubereitung erhalten bleiben.

Ofenzwiebel-Blumen

MIT BALSAMICOESSIG

Für 4 Personen

Zubereitungszeit: 10 Minuten

Backzeit: 45 Minuten

4 dicke, feste rote Zwiebeln
à ca. 200–220 g, geschält

40 g Olivenöl

70 g Balsamicoessig

Meersalz

70 g Wasser

Zubereitung

Backofen auf 200 °C Ober-/Unterhitze vorheizen. Zwiebeln mit einem scharfen großen Messer an der Spitze beginnend halbieren, jedoch nicht durchschneiden. Anschließend ebenso vierteln, dann achteln. (Wichtig ist, dass ca. 2 cm der Basis unberührt bleiben. Das hält die Zwiebelblumen zusammen und ist für die schöne Form verantwortlich.)

Zwiebeln in eine Auflaufform setzen, mit Olivenöl und Balsamicoessig beträufeln. Leicht mit Meersalz würzen, dann das Wasser auf den Boden der Auflaufform gießen. 45 Minuten im Ofen garen.

Tipps

Die Zwiebeln passen zu allen Fleisch-, Fisch- und Geflügelgerichten, zu Salat, Taboulé, Hirse- und Reisgerichten.

Ich liebe sie mit Aceto Crema, einem Stück Brot und Käse.

Ofenaubergine

MIT LINSEN-GRANATAPFEL-VINAIGRETTE

Für 2 Personen

Zubereitungszeit: 10 Minuten

Marinierzeit: 20 Minuten

Backzeit: 25–30 Minuten

Auberginen:

600 g Auberginen, längs halbiert
und schräg in Stücke geschnitten

feines Meersalz

30 g Olivenöl

1 kleine rote Zwiebel, geschält
und in dünne Ringe geschnitten

Vinaigrette:

200 g gekochte Linsen (Dose)

60 g Schalotten,
geschält und fein gewürfelt

2 EL Granatapfelkerne
(Frischetheke)

1 rote Chilischote, entkernt
und fein gewürfelt

1 EL gemischte frische Kräuter
(z. B. Kerbel, Koriander, Dill,
Petersilie, Estragon) oder TK,
gehackt

50 g heller Balsamicoessig

Meersalz

30 g Olivenöl

Zubereitung

Backofen auf 200 °C Umluft vorheizen. Auberginen leicht salzen und 20 Minuten ziehen lassen. Mit Küchenpapier trocken tupfen, auf ein mit Backpapier belegtes Backblech legen und mit Olivenöl vermengen. 25–30 Minuten im Ofen garen.

In der Zwischenzeit Linsen auf ein Sieb geben, unter kaltem Wasser abbrausen, gut abtropfen lassen und mit Schalotten, Granatapfelkernen, Chili, Kräutern und Balsamicoessig in einer Schüssel gut vermengen. Mit Meersalz würzen, dann das Olivenöl einrühren.

Auberginen mit der Vinaigrette und den Zwiebelringen anrichten.

Pak Choi

MIT CHAMPIGNONS UND SESAM

Für 2 Personen

Zubereitungszeit: 10 Minuten

1 EL Pflanzenöl

2–4 Pak Choi (je nach Größe),
längs halbiert

250 g Champignons,
Haut der Köpfe abgezogen
und geviertelt

1 rote Chilischote,
in Ringe geschnitten

feines Meersalz

1 EL ungeschälte Sesamsamen

Ketjap Manis zum Servieren

Pflaumenchutney,
siehe Seite 168, zum Servieren

getoastetes Brot zum Servieren
(z. B. Kräuter- oder Mascarponebrot aus dem Glas, siehe Seite
175)

Zubereitung

Eine große Pfanne erhitzen, Pflanzenöl hineingeben und den Pak Choi mit der Schnittseite nach unten vorsichtig in die heiße Pfanne legen. Mit einem Deckel schließen, 90 Sekunden garen, dann den Pak Choi wenden.

Champignons und Chili zugeben, leicht salzen, erneut mit dem Deckel verschließen und alles 3–4 Minuten braten, zwischendurch das Gemüse wenden. Anschließend mit Sesam bestreuen.

Pak Choi und Pilze auf Tellern anrichten und mit Ketjap Manis, Chutney und Brot servieren.

Schlank werden oder schlank bleiben – und das um jeden Preis. Das ist die Kernfrage, die das Thema Ernährung so prominent in die Medien gebracht hat. Nur leider befasst man sich dabei nicht mit Wirkstoffen, Inhaltsstoffen und den Qualitäten der Lebensmittel, sondern lediglich mit deren Kalorienanzahl. Hand aufs Herz: Der Preis, der für diese Idee zu bezahlen ist, scheint mir zu hoch: Wir bezahlen dafür mit unserem guten Körpergefühl und weiter fortgeschritten in der großen Welt der Diäten verlieren wir allmählich unseren Instinkt für das rechte

Maß. Wir folgen einer für uns selten brauchbaren Vorgabe und verlieren den guten Kontakt zu unserem eigenen Körper, der in dieser Diät-Welt zu einer Figur geworden ist. Das kann nicht gesund sein.

Wichtig für ein Leben in Balance ist neben frischem, gesundem Essen auch, dass wir uns ausreichend bewegen. Dafür müssen wir nicht jeden Tag stundenlang joggen oder Gewichte stemmen, es reicht schon vollkommen, mehr alltägliche Dinge zu Fuß oder mit dem Rad zu erledigen.

5.

Auf geht's

In Bewegung bleiben

Grünes Bohnengemüse

MIT TOMATEN

Zubereitung

Olivenöl in einer Pfanne bei mittlerer Temperatur erhitzen, Schalotten und Knoblauch darin kurz anbraten. Bohnen zugeben, leicht mit Meersalz würzen, alles miteinander vermengen und 1 Minute anschwitzen.

Tomatenmark zugeben und ebenfalls kurz anschwitzen, Suppenstock und Wasser angießen, alles gut vermengen, aufkochen und mit Deckel 4–5 Minuten bei mittlerer Temperatur köcheln lassen.

Tomaten unter das Gemüse in der Pfanne rühren und 1 Minute mit Deckel ziehen lassen. Anschließend mit Salz und Pfeffer abschmecken, auf Tellern anrichten und nach Wunsch mit Rosmarin dekorieren.

Tipp

Das Bohnengemüse schmeckt zu Fisch, Geflügel, Fleisch und natürlich auch pur.

Für 4 Personen

Zubereitungszeit: 15 Minuten

30 g Olivenöl

80 g Schalotten,
geschält und gewürfelt

2 dicke Knoblauchzehen,
geschält und gehackt

200 g Strauchbohnen, in Stücke
von 2–3 cm Länge geschnitten

200 g breite Bohnen, in Stücke
von 2–3 cm Länge geschnitten

Meersalz und Pfeffer

80 g Tomatenmark

60 g Suppenstock,
siehe Seite 176

160 g Wasser

4 mittelgroße Rispentomaten,
in Scheiben geschnitten

Rosmarin zum Dekorieren

Blumenkohlcurry

MIT KORIANDER

Für 4 Personen

Zubereitungszeit: 20 Minuten

25 g Kokosöl

2 gehäufte TL indische Gewürzmischung, siehe Seite 231

1 TL gemahlene Kurkuma

1 TL Garam Masala

½ TL Zimt

1 Msp. Ras el-Hanout

1 Msp. Chiliflocken

100 g Zwiebeln,
geschält und in Scheiben
geschnitten

20 g Ingwer,
geschält und fein gewürfelt

600 g Blumenkohl,
in Röschen geschnitten

100 g Wasser

250 g Kokosmilch

20 g Ahornsirup

Meersalz

Koriandergrün zum Dekorieren

Zubereitung

Kokosöl in einem Wok oder einer großen Pfanne bei mittlerer Temperatur erhitzen, die Gewürze zugeben und leicht anrösten. Zwiebeln
und Ingwer zugeben und bei mittlerer Temperatur leicht anbraten.

Blumenkohl zugeben und alles gut vermengen. Mit Wasser ablöschen, mit Kokosmilch auffüllen, Ahornsirup zugeben und mit
Meersalz würzen. Gut durchrühren, aufkochen und mit Deckel
6–7 Minuten köcheln lassen. Anschließend abschmecken.

Curry in tiefen Tellern anrichten, mit abgezupften Korianderblätt-
chen dekorieren und servieren.

Tipp

Dazu passen Reis und Joghurt.
Ich mag das Curry auch gern
zu Couscous, Hirse, Risotto
und mit frisch gebackenem
Pfannenbrot.

Kaiserschoten

MIT SESAM

Zubereitung

Kaiserschoten in kochendem Salzwasser 1 Minute blanchieren, auf ein Sieb abgießen, dann für 2 Minuten in eiskaltes Wasser geben. Anschließend 1–2 Minuten abtropfen lassen.

Schoten der Länge nach in dünne Streifen schneiden.

Sesam in einer Pfanne ohne Öl kurz anrösten. Sesamöl zugeben, leicht erhitzen, dann die Kaiserschoten zufügen, alles vermengen und mit Meersalz würzen. Sofort auf Tellern anrichten und servieren.

Tipp

Dazu passen gebratenes Huhn, alle Arten von pikanten Ragouts, asiatischen Gerichten und auch gebratener Ziegenkäse.

Für 2 Personen

Zubereitungszeit: 10 Minuten

200 g Kaiserschoten,
Fäden abgezogen

Meersalz

12 g ungeschälte Sesamsamen

10 g Sesamöl

Spinatsalat

MIT GEBRATENER SÜSSKARTOFFEL UND HIMBEEREN

Für 2 Personen

Zubereitungszeit: 15 Minuten

200 g Süßkartoffel,
geschält und klein gewürfelt

1 TL Kokosöl

Meersalz

200 g Babyspinat

100 g frische Himbeeren

essbare Blüten zum Dekorieren

Brot zum Servieren (z. B. Emmer-
vollkornbrot, siehe Seite 204,
Saatenkernbrot, siehe Seite 207
Mischbrot, siehe Seite 208)

Vinaigrette:

20 g dunkler Balsamicoessig

10 g Mineralwasser

½ TL Honigsenf

Meersalz und Pfeffer

40 g Sonnenblumenöl

Zubereitung

Süßkartoffelwürfel in einer heißen Pfanne in Kokosöl 5–6 Minuten knusprig braten, anschließend leicht salzen.

Für die Vinaigrette Balsamicoessig mit Mineralwasser, Honigsenf, etwas Meersalz und Pfeffer vermengen, dann das Sonnenblumenöl einrühren.

Babyspinat in zwei Schalen geben. Himbeeren und Süßkartoffeln darauf anrichten und mit Blütenblättern dekorieren.

Die Vinaigrette separat dazu reichen und den Salat mit Brot servieren.

Buntes Wokgemüse

MIT KORIANDERÖL

Für 4 Personen

Zubereitungszeit: 20 Minuten

Korianderöl:

25 g Koriandergrün,
Blättchen fein gehackt

50 g Olivenöl

Meersalz und Pfeffer

1 gute Prise Chiliflocken

Wokgemüse:

1–2 EL Kokosöl

150 g Zwiebeln, geschält und in
dünne Scheiben geschnitten

1–2 Knoblauchzehen,
geschält und gehackt

150 g Blumenkohlröschen
(nicht zu groß)

150 g Brokkoliröschen
(nicht zu groß)

150 g rote Spitzpaprika, entkernt
und in dünne Scheiben geschnitten

150 g Zucchini, klein gewürfelt

1 Bund Frühlingslauch,
in dünne Ringe geschnitten

Tipp

Schmeckt auch als kalter
Gemüsesalat, mit Reis,
Polenta, cremigen Graupen,
Sonnenweizen oder auf
geröstetem Brot.

Zubereitung

Für das Korianderöl Koriander und Olivenöl verrühren und mit Meersalz, Pfeffer und Chiliflocken würzen. Bis zur Verwendung bei Zimmertemperatur zur Seite stellen.

Einen Wok gut erhitzen, Kokosöl hineingeben, schmelzen und darin zuerst Zwiebeln, Knoblauch und Blumenkohl 2–3 Minuten anbraten. Anschließend Brokkoli, Paprika und Zucchini zugeben und weitere 2–3 Minuten anbraten, gelegentlich wenden. Frühlingslauch zugeben und erst jetzt mit Meersalz und Pfeffer würzen.

Gemüse auf Tellern anrichten und mit dem Korianderöl beträufeln.

SCHARF MARINIERTER

Chinakohl

Für 6 Personen

Zubereitungszeit: 15 Minuten

Marinierzeit: ca. 6 Stunden

2 l Wasser

60 g feines Meersalz

1 kg Chinakohl, Strunk entfernt, Blätter in feine Streifen geschnitten

5 Knoblauchzehen, geschält und gepresst

40 g Chilipaste (z. B. Harissapaste)

½ TL Chiliflocken

80 g Ahornsirup

1 rote Chilischote, in dünne Scheiben geschnitten

10–12 Minzblätter

Zubereitung

Wasser in eine große Schüssel geben und das Meersalz einrühren, bis es sich aufgelöst hat. Chinakohlstreifen in das Salzwasser geben, alles gut vermengen und 4 Stunden ruhen lassen, zwischendurch durchrühren. Kohl anschließend auf einem großen Sieb gut 30 Minuten abtropfen lassen.

Knoblauch, Chilipaste, Chiliflocken und Ahornsirup gut verrühren. Abgetropften Kohl zurück in die große Schüssel geben und mit der Marinade vermengen. 1–2 Stunden ziehen lassen.

Zum Servieren in Schüsseln anrichten und mit Chili und Minze dekorieren.

Tipps

Im Kühlschrank hält sich der Kohl in einer gut verschließbaren Dose gut 2 Wochen. Ich finde, er wird immer besser.

Man reicht ihn zu asiatischen Gerichten, auch zu gegrilltem Fleisch, Geflügel und Fisch passt er super. Ich mag ihn am liebsten pur am Abend. Aber Vorsicht, er hinterlässt eine deutliche Knoblauchnote!

Rote-Bete-Ragout

MIT KICHERERBSEN

Zubereitung

Kokosöl in einem Topf schmelzen, Zwiebeln und Rosmarin darin 3–4 Minuten anschwitzen. Rote Beten und Kichererbsen samt Flüssigkeit zugeben und mit Rote-Bete-Saft auffüllen. Essig zugeben und das Ragout mit Meersalz und Pfeffer würzen. Aufkochen, dann 5 Minuten kochen lassen.

Das Ragout mit Salz und Pfeffer abschmecken und auf Tellern anrichten. Mit Blüten dekorieren.

Tipp

Ich mag dieses Gericht gern zu Fisch, gebratenem Ziegenkäse oder als Gemüse pur und esse es auch oft kalt als Salat.

Für 4 Personen

Zubereitungszeit: 20 Minuten

½ EL Kokosöl

200 g Zwiebeln, geschält und gewürfelt

3–4 Zweige Rosmarin, Nadeln abgezupft und gehackt

300 g gegarte Rote Beten, siehe Seite 227, geschält und gewürfelt

400 g Kichererbsen (Dose) samt Flüssigkeit

125 g Rote-Bete-Saft

1–2 TL heller Balsamicoessig

Meersalz und Pfeffer

essbare Blüten zum Dekorieren

Möhrengemüse

MIT PETERSILIE

Für 4 Personen

Zubereitungszeit: 20 Minuten

1 kg Möhren, geschält und in
dünne Scheiben geschnitten

25 g Ingwer, geschält und fein
gewürfelt oder gerieben

30 g Olivenöl

150 g Wasser

Meersalz und Pfeffer

20 g glatte Petersilie,
Blättchen abgezupft

Zubereitung

Möhren, Ingwer und Olivenöl mit Wasser in einen Topf geben, mit Meersalz und Pfeffer würzen. Abgedeckt aufkochen, dann bei niedriger bis mittlerer Temperatur 7–8 Minuten kochen lassen. Petersilie zugeben und das Gemüse mit Salz und Pfeffer abschmecken.

Auf Tellern anrichten und servieren.

Tipps

Die Möhren passen zu Schnitzel, zum Sonntagsbraten und zu Fisch. Auch zu einem Reisgericht mit Joghurt schmecken sie gut.

Sind noch Möhren übrig, kann man sie zu einem leckeren Aufstrich weiterverarbeiten, siehe Seite 235.

Kräuterseitlinge

MIT BUTTERSPINAT

Zubereitung

Ghee in einer Pfanne erhitzen und die Kräuterseitlinge darin 3–5 Minuten anbraten. Anschließend Schalotten und Knoblauch zugeben, alles gut vermengen und weitere 5 Minuten bei mittlerer Temperatur braten. Erst jetzt mit Meersalz und Pfeffer würzen. Warm halten.

Einen großen Topf auf höchster Stufe erhitzen, Butter hineingeben, mit etwas Meersalz und Pfeffer würzen. Spinat zugeben, den Topf verschließen und den Spinat 30 Sekunden garen. Anschließend wenden, erneut abdecken und weitere 30 Sekunden garen. Spinat auf ein Sieb geben und kurz abtropfen lassen.

Spinat mit den Kräuterseitlingen anrichten und warm servieren.

Für 2 Personen

Zubereitungszeit: 15 Minuten

20 g Ghee

150 g kleine Kräuterseitlinge (falls es nur große Exemplare gibt, diese klein schneiden)

100 g Schalotten, geschält und fein gewürfelt

2 Knoblauchzehen, geschält und gehackt

Meersalz und Pfeffer

20 g Butter

500 g frischer Spinat (alternativ aufgetauter TK-Spinat)

Abends

UNBESCHWERT ZUR RUHE KOMMEN

In diesem Kapitel habe ich für Sie eine Auswahl zusammengestellt, die kohlen-hydratreduziert und eiweißbetont ist. Wir wollen abends zur Ruhe kommen, wir müssen nicht mehr volltanken, aber die Mahlzeit sollte dennoch lecker und ausreichend sein, sonst suchen wir unentwegt nach Ersatz.

Ich bevorzuge warme und leichte Speisen, die unsere Gourmetseele nicht unbefriedigt zurücklassen. Viele Speisen aus diesem Kapitel können mit wenigen Zugaben auch zur Mittags-Hauptspeise ergänzt werden.

Maishähnchen

MIT SESAMPFLAUMEN

Für 2–3 Personen

Zubereitungszeit: 20 Minuten
Garzeit: 55–60 Minuten

Maishähnchen:

1 Freiland-Maishähnchen
(ca. 1,3 kg)

20 Basilikumblätter
plus mehr zum Dekorieren

30 g Sonnenblumenöl

1 TL Sesamöl

feines Meersalz

Sesampflaumen:

3–4 Zweige Rosmarin, Nadeln
abgezupft und gehackt,
plus mehr zum Dekorieren

½ TL Fleur de Sel

1 EL ungeschälte Sesamsamen

4 gelbe Pflaumen, entkernt
und in Spalten geschnitten

4 rote Pflaumen, entkernt
und in Spalten geschnitten

Zubereitung

Für das Hähnchen den Backofen auf 180 °C Umluft vorheizen. Hähnchen unter fließend kaltem Wasser gründlich abwaschen, anschließend mit Küchenpapier trocken tupfen. Die Wirbelsäule mit einer Geflügel- oder Küchenschere am Rücken herausschneiden. Das Hähnchen aufklappen und mit der Hautseite nach oben auf ein mit Backpapier belegtes Backblech legen.

Mit dem Zeigefinger unter Brust- und Schenkelhaut fahren und die Haut vorsichtig vom Fleisch lösen. Basilikumblätter unter die Haut schieben. Sonnenblumen- und Sesamöl vermischen und das Maishähnchen gut damit bestreichen, erst dann leicht mit Meersalz würzen. Das Hähnchen 55–60 Minuten im Ofen garen. Dabei zwischendurch mit dem ausgetretenen Fett bestreichen.

Für die Sesampflaumen Rosmarin, Fleur de Sel und Sesam vermischen und gleichmäßig auf den Pflaumenspalten verteilen. Auf ein mit Backpapier belegtes Blech geben und während der letzten 15–20 Minuten Garzeit des Hähnchens im Ofen mitgaren. (Die genaue Garzeit hängt davon ab, wie reif die Pflaumen sind: je reifer, desto kürzer müssen sie garen.)

Hähnchen mit Pflaumen auf einer großen Platte anrichten und mit Basilikum und Rosmarin dekorieren.

Tipps

Geflügel 30–60 Minuten vor dem Garen aus dem Kühlschrank nehmen, so bleibt es saftiger.

Alternativ kann man statt Pflaumen auch Aprikosen, Pfirsiche oder Äpfel verwenden.

Flusskrebssalat

MIT KRÄUTERSCONES

**Für 4 Personen
(8 Scones)**

Zubereitungszeit: 20 Minuten

Backzeit: 20–22 Minuten

Scones:

130 g Mandelmehl

100 g Dinkelmehl (Type 630)

7 g feines Meersalz

1 TL indische Gewürzmischung,
siehe Seite 231

1 TL Weinsteinbackpulver

60 g kalte Butter,
in kleine Stücke geschnitten

1 Ei

110 g Milch (alternativ Getreide-
oder Nussmilch) plus 2–3 EL
zum Bestreichen

30 g gemischte frische Kräuter
(z. B. Kerbel, Koriander, Dill,
Petersilie, Estragon) oder TK,
gehackt

Flusskrebssalat:

180 g Cocktailmayonnaise,
siehe Seite 172

200 g grüne Paprikaschoten,
entkernt und fein gewürfelt

1 EL Dill, Spitzen gehackt

400 g Flusskrebsfleisch,
ausgelöst und gegart

Meersalz und Pfeffer

Chiliflocken nach Geschmack

kleine Romanasalatblätter
zum Anrichten

Zubereitung

Für die Scones Backofen auf 200 °C Ober-/Unterhitze vorheizen. Alle Zutaten in die Rührschüssel einer Küchenmaschine geben und mit dem Flachrührer auf kleiner bis mittlerer Stufe zu einem Teig verarbeiten. Nur so lange rühren, bis sich die Zutaten miteinander vermengt haben.

Aus dem Teig mit leicht bemehlten Händen 8 Kugeln formen und auf ein mit Backpapier belegtes Blech setzen. Mit Milch einpinseln und im Ofen 20–22 Minuten knusprig backen.

Währenddessen für den Salat Mayonnaise mit Paprika und Dill verrühren. Flusskrebse zugeben und vermengen, mit Meersalz und Pfeffer würzen. Wer mag, gibt noch Chiliflocken dazu.

Salatblätter auf Tellern auslegen und den Flusskrebssalat darauf anrichten. Mit den Scones servieren.

Radieschenblattsuppe

MIT MILCHSCHAUM

Für 4 Personen

Zubereitungszeit: 15 Minuten

Garzeit: 20 Minuten

90 g Butter

170 g Zwiebeln,
geschält und klein geschnitten

65 g Dinkelmehl (Type 630)

1 l Gemüsebrühe, siehe Seite 158

150 g Radieschenblätter
(von ca. 3 Bund Radieschen)

Meersalz und Pfeffer

200 g Milch zum Aufschäumen

Zubereitung

Butter in einem Topf schmelzen, Zwiebeln zugeben und 2 Minuten anschwitzen. Mehl zufügen und mit einem Schneebesen verrühren. Gemüsebrühe langsam unter Rühren in den Topf geben. Suppe 20 Minuten köcheln lassen, so verliert sich der Mehlgeschmack. Zwischendurch immer wieder kurz durchrühren.

Die heiße, aber nicht mehr kochende Suppe im Stand- oder mit dem Stabmixer cremig mixen, erst dann das Radieschengrün einmixen und mit Meersalz und Pfeffer abschmecken.

Milch mit einem Milchschäumer aufschäumen.

Die Suppe in tiefen Tellern anrichten und mit Milchschaum dekorieren. Etwas Pfeffer darüber verteilen.

Tipps

Wer nicht genug Radieschengrün hat, kann es mit Feldsalat, Rucola, Kopfsalat, frischen Brennnesselblättern oder Löwenzahn ergänzen.

Man kann die Milch auch in einem Topf leicht erwärmen und dann kräftig mit einem feinen Schneebesen aufschäumen.

Anstelle vom Milchschaum schmeckt auch geschlagene Sahne oder Crème fraîche.

Cremige Linsensuppe

MIT PANIR UND WÜRZIGEM POPCORN

Für 4 Personen

Zubereitungszeit: 40 Minuten

Linsensuppe:

180 g getrocknete rote Linsen

1 EL Kokosöl

100 g Zwiebeln,
geschält und gewürfelt

50 g Ingwer,
geschält und gewürfelt

2 Knoblauchzehen,
geschält und gehackt

1 rote Chilischote,
entkernt und gewürfelt

je ½ TL gemahlene Korianderkörner, gemahlener Kreuz-
kümmel, Chiliflocken und
Ras el-Hanout

400 g Tomatenstücke (Dose)

600 g Gemüsebrühe,
siehe Seite 158

Meersalz

Popcorn:

20 g Zucker

2–3 Prisen Fleur de Sel

je ½ TL Chiliflocken, indische
Gewürzmischung (siehe Seite
231) und gemahlene Kurkuma

15 g Öl

50 g Popcornmais

50 g flüssige Butter

½–1 Rezeptmenge Panir,
siehe Seite 228

1–2 EL Pflanzenöl

Zubereitung

Für die Suppe Linsen abspülen, in ausreichend Wasser aufkochen und 4 Minuten kochen lassen. Anschließend auf ein Sieb gießen, mit kaltem Wasser abspülen und kurz abtropfen lassen. 4 EL von den Linsen abnehmen und für die Einlage zur Seite stellen.

Kokosöl in einem Topf erhitzen und Zwiebeln, Ingwer, Knoblauch und Chili kurz darin anschwitzen. Gewürze zugeben und kurz anrösten, dann die Linsen zufügen. Alles gut vermengen und mit Tomatenstücken und Gemüsebrühe auffüllen. Aufkochen und 10–12 Minuten kochen lassen. Anschließend etwas auskühlen lassen, dann die Suppe in einem Standmixer oder mit einem Stabmixer cremig mixen. Mit Meersalz würzen und warm halten.

Für das Popcorn Zucker mit Fleur de Sel und Gewürzen mischen. Öl in einem Topf erhitzen, Popcornmais hineingeben, mit einem Deckel schließen und die Maiskörner bei mittlerer Temperatur aufpoppen lassen. Den Topf zwischendurch immer wieder gut durchschütteln und den Deckel erst abnehmen, wenn der gesamte Mais aufgepoppt ist. Topf vom Herd nehmen, die Gewürzmischung zugeben und alles gut vermengen. Popcorn in eine Schüssel geben, die flüssige Butter darüberträufeln und gut verteilen.

Panir in einer Pfanne in heißem Öl knusprig braten.

Suppe mit den beiseitegestellten Linsen, Popcorn und Panir servieren.

Tipp

Ich liebe dieses Popcorn und verwende es auch oft anstelle von Brotcroûtons, um einen Salat aufzupeppen.

Chili con Carne

VOM LAMM

Für 6–8 Personen

Zubereitungszeit: 45 Minuten

Garzeit: 60 Minuten

Chili:

200 g Möhren, geschält

100 g Petersilienwurzel, geschält

100 g Sellerieknolle, geschält

50 g Staudensellerie

je 1 kleine grüne, gelbe und rote Paprikaschote, entkernt und geviertelt

je 1 rote, gelbe und grüne Chilischote, entkernt und in Stücke geschnitten

500 g kaltes Lammfleisch aus der Keule, in walnussgroße Stücke geschnitten

40 g Pflanzenöl

400 g Kidneybohnen (Dose) mit Flüssigkeit

400 g gebackene Bohnen in Tomatensoße (Dose)

400 g Tomatenstücke (Dose)

40 g Ahornsirup

30 g Suppenstock, siehe Seite 176

2–3 Msp. Rauchsalz

Meersalz und Pfeffer

300 g Maiskörner (Dose)

Dip:

2–3 reife Avocados, halbiert, entkernt, Fruchtfleisch aus der Schale gelöst

Saft von 1–2 Limetten

Meersalz

Zubereitung

Für das Chili Möhren, Petersilienwurzel, Sellerie, Staudensellerie, Paprika und Chilis nacheinander am besten in einem elektrischen Zerkleinerer zerkleinern.

Einen gusseisernen Bräter 10 Minuten bei mittlerer Temperatur aufheizen. Währenddessen das Lammfleisch erst durch die große Scheibe eines Fleischwolfs, dann durch die feine Lochscheibe lassen. Öl in den Bräter geben, heiß werden lassen und die Platte auf volle Hitze stellen. Fleisch 3–4 Minuten ohne Rühren erst von der einen, dann von der anderen Seite anbraten. (So entstehen die gewünschten Röstaromen.)

Das zerkleinerte Gemüse zugeben und alles miteinander vermengen. Kidneybohnen, gebackene Bohnen und Tomatenstücke unterrühren. Ahornsirup und Suppenstock zugeben, mit Rauchsalz, Meersalz und Pfeffer würzen, aufkochen und 50 Minuten zugedeckt köcheln lassen, zwischendurch immer wieder umrühren.

Anschließend Mais zugeben und weitere 5 Minuten kochen lassen. Abschmecken und zugedeckt 5–10 Minuten ziehen lassen.

Für den Dip Avocadofruchtfleisch in einen hohen Mixbecher geben, Limettensaft zufügen und mit einem Stabmixer cremig mixen. Leicht salzen.

Chili in tiefen Tellern anrichten und mit dem Dip servieren.

Tipps

Fleisch und Fleischwolf müssen immer gut gekühlt sein, sonst klebt das Fleisch, weil es zu warm wird.

Da dieses Gericht etwas aufwendiger ist, koche ich es oft in großen Mengen. In heiß ausgespülten Schraubgläsern abgefüllt, gut verschlossen und ausgekühlt, im Kühlschrank lagern.

Süßkartoffelsuppe

MIT FETAKÄSE IM BRICKTEIG

Für 4 Personen

Zubereitungszeit: 15–20 Minuten

Garzeit: 20 Minuten

Suppe:

500 g Süßkartoffeln, geschält
und in Stücke geschnitten

60 g Zwiebeln,
geschält und gewürfelt

2 Knoblauchzehen,
geschält und grob gehackt

20 g Ingwer,
geschält und grob gewürfelt

20 g Kokosöl

1 l Gemüsebrühe, siehe Seite 158

1–2 Prisen Chiliflocken

Meersalz und Pfeffer

Käse:

400 g Fetakäse

8 Brickteigblätter
(alternativ Frühlingsrollenteig)

1 EL getrocknete Kräuter
der Provence

1–2 EL flüssiger Honig

Pflanzenöl zum Braten

bunte Kresse zum Dekorieren

Zubereitung

Für die Suppe Süßkartoffeln mit Zwiebeln, Knoblauch und Ingwer in einem Topf in Kokosöl anschwitzen. Gemüsebrühe angießen, Chiliflocken, etwas Meersalz und Pfeffer zugeben, aufkochen und 20 Minuten mit Deckel bei mittlerer Temperatur kochen lassen.

In der Zwischenzeit Fetakäse der Länge nach in 8 gleich große Stücke schneiden. Brickteigblätter vom Papier abziehen, locker wieder auf das Papier legen und auf der Arbeitsfläche auslegen. Die Hälfte der Kräuter auf die unteren Enden der Teigblätter streuen, Fetakäse darauflegen, mit Honig beträufeln und mit den übrigen Kräutern bestreuen. Die Seiten des Teiges über den Fetakäse schlagen, dann wie ein Frühlingsröllchen aufrollen. Kurz vor dem Servieren in einer großen Pfanne in ausreichend Öl von allen Seiten bei mittlerer Temperatur knusprig braten.

Suppe in einem Standmixer oder mit einem Stabmixer sämig mixen und abschmecken. In tiefen Tellern anrichten und mit den Fetaröllchen servieren. Mit Kresse dekorieren.

Auf die Frage, was sich Kursteilnehmer in meinen äußerst seltenen Kochkursen wünschen, stelle ich immer wieder mit Erstaunen fest, dass es nicht die schweren Kochtechniken sind, sondern die ganz alltäglichen Grundlagen. Das richtige Equipment kann die Zubereitung erheblich vereinfachen. Ich habe zu Hause einen Niedrigtemperaturkochtopf, mit einem Dämpfeinsatz lassen sich aber auch tolle Ergebnisse erzielen. Beachten Sie einfach die vier folgenden Tipps und genießen Sie knackig-frische Vitaminbomben.

— **Die richtige Menge Wasser:** Nur die wenigsten Gemüsesorten müssen wir im Wasser schwimmen lassen, damit sie gar werden. Die meisten Gemüsesorten können wir durch Dämpfen oder Dünsten mit ganz wenig Wasser garen. So bleiben nicht nur die Nährstoffe erhalten, das Gemüse bekommt auch einen schönen Biss und behält seinen köstlichen Geschmack.

— **Die richtige Temperatur:** Gemüse, als unser aller Hauptnahrungsmittel, soll uns mit den besten Inhaltsstoffen versorgen und darf deshalb nur sehr schonend gegart werden. In aller Regel genügt eine Temperatur zwischen 70 und 80 °C. Jede Wette: So ein feines Gemüse hatten Sie noch nie auf dem Teller!

— **Die richtige Dauer:** Garen Sie das Gemüse so kurz wie möglich und so lang wie nötig. Dafür ist es hilfreich, wenn Sie das Gemüse in gleich große Stücke schneiden und zwischendurch probieren, so merken Sie am besten, wann das Gemüse den gewünschten Biss erreicht hat.

— **So frisch wie möglich:** Es gibt für unsere Gemüse- und Obstsorten verschiedene Faktoren, die sich ungünstig auf die Qualität auswirken: Licht, Luft, Temperatur und Zeit sorgen allesamt dafür, dass die Feld- und Ackerfrüchte sich bereits vor dem Verzehr allmählich selbst verstoffwechseln. Oft werden Obst und Gemüse von uns in zu großen Mengen besorgt und dann in viel zu langen Zeiträumen allmählich verbraucht. Besorgen Sie sich kleine Mengen, wenn möglich erntenah, um diese so schnell wie möglich zu genießen. Ich weiß, das ist im Alltag aufwendig und nicht leicht zu organisieren, aber es ist und bleibt das Beste, das Sie für sich und Ihre liebsten Menschen tun können.

6.

Mach Dampf

Gemüse schonend zubereiten

Pizza mit Thunfischboden,

AVOCADO UND ERBSEN

Für 4 Personen

Zubereitungszeit: 25 Minuten

Backzeit: 25–30 Minuten

Boden:

360 g Thunfisch Natur (Dose)

2 Eier (M oder L)

50 g Mandelmehl
oder Mandelgrieß

100 g geriebener Parmesan

Meersalz und Pfeffer

Belag:

70 g passierte Tomaten
(Dose oder Glas)

20 g Tomatenmark

1 TL getrocknete italienische
Kräuter

1 Prise Chiliflocken

Meersalz

1 reife Avocado, halbiert,
entkernt, Fruchtfleisch aus der
Schale gelöst und in Scheiben
geschnitten

150 g Erbsen (TK)

16 bunte Cocktailtomaten,
halbiert

100 g geriebener Emmentaler

Basilikumblätter zum Dekorieren

Zubereitung

Für den Boden Backofen auf 220 °C Umluft vorheizen. Thunfisch auf ein Sieb abgießen und gut abtropfen lassen. Anschließend mit Eiern, Mandelmehl und Parmesan in die Rührschüssel einer Küchenmaschine geben, mit Meersalz und Pfeffer würzen. Mit dem Flachrührer auf kleiner bis mittlerer Stufe so lange vermengen, bis sich alle Zutaten gut miteinander verbunden haben.

Thunfischmasse auf ein mit Backpapier belegtes Backblech geben und zuerst mit feuchten Händen, dann mit einem feuchten Löffelrücken rund formen. (Der Thunfischboden sollte nicht zu dünn sein.) Blech in den Ofen schieben, die Temperatur auf 200 °C reduzieren und den Boden 15 Minuten backen.

In der Zwischenzeit für den Belag passierte Tomaten mit Tomatenmark, Kräutern, Chiliflocken und etwas Meersalz verrühren.

Backblech mit dem Thunfischboden aus den Ofen nehmen, die Tomatenmasse gleichmäßig darauf verteilen, dann mit Avocadoscheiben, Erbsen und Cocktailtomaten belegen. Für 12–15 Minuten zurück in den Ofen schieben, nach 5 Minuten den Emmentaler darauf verteilen und fertig backen.

Pizza nach dem Backen mit Basilikumblättern dekorieren und servieren.

Tipp

Ich finde diese Pizza super. Das Rezept für den Thunfischboden stammt von Boris, einem meiner Kochkollegen und Mann meiner rechten Hand Nicole. Herzlichen Dank an dieser Stelle!

Grünkohleintopf

MIT KICHERERBSEN

Für 4 Personen

Zubereitungszeit: 20 Minuten

30 g Olivenöl

140–150 g Schalotten,
geschält und fein gewürfelt

3 Knoblauchzehen,
geschält und fein gehackt

80 g Staudensellerie,
fein gewürfelt

180 g Möhren,
geschält und fein gewürfelt

je 2–3 Zweige Rosmarin und
Thymian, Nadeln und Blättchen
abgezupft und gehackt

400 g Kichererbsen (Dose)
mit Flüssigkeit

400 g Tomatenstücke (Dose)

550 g Gemüsebrühe, siehe Seite
158 (alternativ Geflügel-
oder Rinderbrühe)

Meersalz

je 1 Msp. gemahlener Piment,
gemahlener Kreuzkümmel,
gemahlene Korianderkörner
und Chiliflocken

220 g Grünkohl, dicke und harte
Blattrippen entfernt

Zubereitung

Olivenöl in einem großen Topf erhitzen und Schalotten, Knoblauch, Staudensellerie, Möhren und Kräuter 2 Minuten darin anschwitzen.

Kichererbsen samt Flüssigkeit, Tomatenstücke und Gemüsebrühe zugeben. Aufkochen, mit Meersalz würzen, Gewürze zugeben, anschließend 3–4 Minuten mit Deckel kochen lassen.

Grünkohl zugeben, vermengen und mit Deckel weitere 3–4 Minuten kräftig kochen lassen. Eventuell etwas nachsalzen.

Eintopf in tiefen Tellern anrichten und heiß servieren.

Herbstliches Ofengemüse

MIT SELBSTGEMACHTEM LABNEH

Für 3 Personen

Zubereitungszeit: 20 Minuten
Abhängzeit: 12–16 Stunden
Backzeit: 35–40 Minuten

Labneh:

500 g Joghurt (3,5–3,8 % Fett)
Olivenöl zum Beträufeln

Gemüse:

1–1,2 kg Hokkaidokürbis, entkernt
und in Spalten geschnitten

650–700 g Rosenkohl

6–8 dicke Knoblauchzehen,
geschält und halbiert

70 g Olivenöl

2–3 Prisen Chiliflocken

Meersalz

Zubereitung

Für den Labneh ein Käseleinen oder Baumwolltuch in kaltem Wasser auswaschen, auswringen und auf einem Durchschlag oder Sieb auslegen. Eine große Schüssel darunterstellen und den Joghurt mittig auf das Käseleinen geben. Das Tuch einschlagen und alles in den Kühlschrank stellen. 12–16 Stunden abhängen lassen, dabei anfangs alle 1–2 Stunden die Flüssigkeit aus der Schüssel entfernen. (Der Labneh sollte nicht in Flüssigkeit stehen.)

Für das Gemüse Backofen auf 200 °C Umluft vorheizen. Kürbis und Rosenkohl mit Knoblauch, Olivenöl und Chiliflocken in eine Schüssel geben, mit Meersalz würzen, alles gut vermengen und auf ein mit Backpapier belegtes Blech geben. Im Ofen 35–40 Minuten backen.

Labneh aus dem Kühlschrank nehmen, aus dem Käseleinen lösen und auf einem Teller anrichten. Mit etwas Olivenöl beträufeln.

Ofengemüse gemeinsam mit dem Labneh servieren.

Grüner Spargel

MIT EI UND MELONE

Für 4 Personen

Zubereitungszeit: 30 Minuten

4 Eier (Größe L)

1 Zitronenscheibe

2 Bund grüner Spargel, harte Enden entfernt und Stangen bis zur Hälfte geschält

60 g Wasser

2 EL Olivenöl

Meersalz und Pfeffer

½ Charentais-Melone (alternativ Cantaloupe-Melone), entkernt, Fruchtfleisch mit einem Kugelausstecher ausgestochen

Vinaigrette:

30 g Schalotte, geschält und fein gewürfelt

20 g heller Balsamicoessig

25 g rote Johannisbeeren, vom Stiel gezupft (alternativ Himbeeren oder Blaubeeren)

feines Meersalz und Pfeffer

15 g neutrales Pflanzenöl (z. B. Sonnenblumen- oder Rapsöl)

Zubereitung

Eier mit einer Stecknadel einstechen und in einem Topf mit kochendem Wasser und Zitronenscheibe 6 Minuten kochen, abgießen und mit kaltem Wasser abschrecken. Vorsichtig pellen, dann eine ganz dünne Scheibe vom unteren Ende abschneiden, damit die Eier gut stehen. Anschließend oben einen Deckel abschneiden und diesen hacken. Eier auf Teller setzen und zur Seite stellen.

Für die Vinaigrette Schalotte mit Essig und Johannisbeeren in eine kleine Schüssel geben, mit Meersalz und Pfeffer würzen und gut verrühren, dann das Öl einrühren.

Spargel in eine große quadratische oder rechteckige Pfanne geben. Wasser und Olivenöl zugeben, leicht mit Meersalz und Pfeffer würzen. Zugedeckt auf höchster Stufe aufkochen, 3 Minuten kochen lassen, dann ohne Deckel garen, bis der Spargel sich in der Mitte leicht einstechen lässt.

Spargel zu den Eiern auf die Teller legen, die gehackten Ei-Stücke zugeben, mit der Vinaigrette beträufeln und die Melonenkugeln obenauf legen. Mit etwas Pfeffer bestreuen.

Tipps

Die Garzeit des Spargels richtet sich nach der Dicke der Stangen und fällt daher immer anders aus. Meist reichen jedoch 5–7 Minuten.

Die Zitronenscheibe (oder auch Essig) im Kochwasser der Eier beschleunigt die Gerinnung der Eiweißproteine. Zudem lassen sich die Eier besser pellen.

Panierter Blumenkohl

MIT THUNFISCH-LEINSAMEN-CREME

Für 2 Personen

Zubereitungszeit: 20 Minuten

Backzeit: 40–45 Minuten

Blumenkohl:

200 g Buttermilch,
siehe Seite 218

120 g Dinkel- oder Weizenmehl
(Type 630 bzw. 550)

Meersalz und Pfeffer

150 g Paniermehl

1 TL gemahlene Kurkuma

½ TL Paprikapulver edelsüß

1 Msp. gemahlener Kreuzkümmel

1 Msp. Zimt

400 g Blumenkohl, in 1,5–2 cm
dicke Scheiben geschnitten

40 g Olivenöl

Thunfisch-Leinsamen-Creme:

195 g Thunfisch Natur (Dose)
mit Flüssigkeit

40 g Honigsenf

25 g Milch

25 g Pflanzenöl

15 g kaltgepresstes Leinöl

25 g Leinsamen

etwas glatte Petersilie,
Blättchen fein gehackt

feines Meersalz und Pfeffer

Außerdem:

4–5 Stängel glatte Petersilie,
Blättchen grob gehackt

Zubereitung

Für den Blumenkohl Backofen auf 180 °C Umluft vorheizen. Buttermilch mit Mehl, etwas Meersalz und Pfeffer in einem hohen Mixbecher mit einem Stabmixer kräftig durchmixen. Anschließend in eine flache Schale oder einen tiefen Teller geben. Paniermehl mit den Gewürzen gut vermengen, leicht salzen und ebenfalls in eine Schale oder einen tiefen Teller geben.

Blumenkohl erst in die Buttermilch tunken, dabei darauf achten, dass er überall gut bedeckt ist. Anschließend von allen Seiten gut in der Panade wenden und auf ein mit Backpapier belegtes Backblech legen. Mit Olivenöl beträufeln und im Ofen 40–45 Minuten garen. Nach der Hälfte der Zeit das Blech einmal im Ofen drehen.

Für die Thunfisch-Leinsamen-Creme alle Zutaten außer Leinsamen und Petersilie in einen hohen Mixbecher geben und mit dem Stabmixer cremig mixen. Masse in eine Schüssel geben, Leinsamen und Petersilie einrühren und mit Meersalz und Pfeffer abschmecken.

Blumenkohl mit der Creme servieren und die gehackte Petersilie dazu reichen.

Tipp

Ich bereite gern die doppelte Menge zu und backe den Blumenkohl am nächsten Tag noch einmal im Ofen 10 Minuten bei 180 °C Umluft auf.

Bunte Topinamburpfanne

Zubereitung

Topinamburen in Salzwasser aufkochen und 35–38 Minuten garen. Anschließend abgießen und kurz auf dem Herd ausdämpfen lassen. Auf ein kleines Blech geben, etwas auskühlen lassen, dann schälen und in Scheiben schneiden.

Olivenöl in eine Pfanne geben und bei mittlerer Temperatur erhitzen. Topinamburen mit beiden Zwiebelsorten in die Pfanne geben und 3–5 Minuten angehen lassen. Die restlichen Zutaten außer Petersilie zugeben und 2–3 Minuten braten. Zum Schluss die Petersilie unterrühren.

Gemüse auf Tellern anrichten und heiß servieren.

Tipps

Ich koche und pelle die Topinamburen gern 1–2 Tage vorher. In einer gut verschließbaren Dose halten sie sich problemlos.

Ich gebe gern noch einen Schuss hellen Balsamicoessig dazu, das bringt noch mehr Tiefe in das Gericht – meine Familie mag es allerdings am liebsten ohne. Probieren Sie es aus!

Für 2–3 Personen

Zubereitungszeit: 15 Minuten
Garzeit: 35–38 Minuten

450 g Topinamburen

Meersalz

30 g Olivenöl

120 g Zwiebeln, geschält und in Ringe geschnitten

60 g rote Zwiebeln, geschält und in Ringe geschnitten

100 g Zucchini, gewürfelt

30 g grüne marinierte Oliven ohne Kern

30 g schwarze pikant marinierte Oliven ohne Kern

30 g Soft-Tomaten, geviertelt

4–6 Stängel glatte Petersilie, Blättchen gehackt

Vorratshaltung

DIE GESUNDE SPEISEKAMMER

Wir können mit diesem Kapitel ein stabiles Fundament für eine gesunde Ernährung legen. Eine gut organisierte Vorratshaltung sorgt im Handumdrehen für jene kleinen Speisen und Koch-Zugaben, die oft das „i-Tüpfelchen" auf unseren alltäglichen Zubereitungen sind.

Viele dieser Rezepte sind intensive Geschmacksgiganten, wie Suppenstock und gekörnte Brühe, manche sind einfach nur superpraktisch, wie das Brot im Glas, wiederum andere geben uns die Möglichkeit, auf die leckerste Art und Weise die Kühlschränke aufzuräumen. Die Gemüsebolognese etwa ist immer eine perfekte Grundlage, um in 10 Minuten eine köstliche Pasta zu zaubern.

Klare Gemüsebrühe

Für 5–6 große Gläser

Zubereitungszeit: 15 Minuten
Kochzeit: ca. 50 Minuten

2 kg Gemüse nach Wunsch
(z. B. Möhre, Lauch, Sellerieknolle, Pastinake oder Petersilienwurzel, Zwiebel, Zucchini,
Blumenkohl und Tomate),
nach Bedarf geschält und in
kleine Stücke geschnitten

3 Lorbeerblätter

4 l Wasser

3 TL grobes Meersalz

½ TL Pfefferkörner,
leicht im Mörser angestoßen

Zubereitung

Alle Zutaten in einen großen Topf geben, zum Kochen bringen und bei geringer Hitze 45 Minuten köcheln lassen.

Gemüsebrühe durch ein Sieb gießen, erneut aufkochen und in heiß ausgespülte, gut verschließbare Gläser abfüllen. Gleich verschließen, auskühlen lassen und am besten im Kühlschrank lagern.

Die Brühe hält sich ca. 6 Monate.

Tipps

Ich rechne immer 2 l Wasser auf 1 kg ungeputztes Gemüse.

Wer mag, kann auch Petersilienstängel oder andere Kräuter mit zugeben, allerdings verändert sich dadurch die Farbe der Brühe.

Zwiebeln nur vierteln, nicht schälen. So erhält die Brühe eine schöne goldene Farbe.

Salatdressing

IN DREI VARIATIONEN

CREMIGES KRÄUTERDRESSING

**Für 1 Flasche
à ca. 375 g Füllmenge**

Zubereitungszeit: 2–4 Minuten

150 g Mayonnaise Natur,
siehe Seite 172

100 g Joghurt (3,5–3,8 % Fett)

15 g gemischte Kräuter (TK)

80 g H-Milch

½ TL Ingwerpulver

1 EL Ahornsirup oder Honig

1 TL heller Balsamicoessig

Meersalz und Pfeffer

Zubereitung

Alle Zutaten in einen hohen Mixbecher geben und mit einem Stabmixer zu einem cremigen Dressing mixen. In einer gut verschließbaren Flasche im Kühlschrank aufbewahren und vor dem Servieren schütteln. Hält sich bis zu 4 Wochen.

HELLE BALSAMICO-VINAIGRETTE

**Für 1 Flasche
à ca. 275 g Füllmenge**

Zubereitungszeit: 2–3 Minuten

40 g heller Balsamicoessig

40 g Honigsenf

15 g Ahornsirup oder Honig

30 g Mineralwasser
mit Kohlensäure

Meersalz und Pfeffer

150 g Olivenöl

Zubereitung

Alle Zutaten außer dem Olivenöl in einen hohen Mixbecher geben und mit einem Stabmixer gut durchmixen. Dann das Öl langsam einmixen. In einer gut verschließbaren Flasche im Kühlschrank aufbewahren und vor dem Servieren schütteln. Hält sich 4–8 Wochen.

ORANGEN-ZITRONEN-VINAIGRETTE

**Für 1 Flasche
à ca. 500 g Füllmenge**

Zubereitungszeit: 2–4 Minuten

160 g Orangensaft
(von ca. 2 Orangen)

80 g Zitronensaft
(von ca. 2 Zitronen)

60 g Honigsenf

Meersalz und Pfeffer

200 g neutrales Öl
(z. B. Sonnenblumen-
oder Rapsöl)

1 rote Chilischote,
entkernt und fein gewürfelt

Zubereitung

Orangen- und Zitronensaft mit Honigsenf, Meersalz und Pfeffer in einen hohen Mixbecher geben und mit einem Stabmixer gut durchmixen. Das Öl langsam einmixen. Chiliwürfel einrühren. In einer gut verschließbaren Flasche im Kühlschrank aufbewahren und vor dem Servieren schütteln. Hält sich 2–3 Wochen.

Zweierlei Tomatensoßen

Für je 4 Flaschen

**Zubereitungszeit:
je 15–20 Minuten**

Garzeit: je 40–45 Minuten

Fruchtige Tomatensoße:

2 kg Fleischtomaten

6 Knoblauchzehen,
geschält und grob gehackt

80 g Rohrzucker

160 g Olivenöl

1–2 EL getrocknete italienische
Kräuter

Meersalz und Pfeffer

Cremige Tomatensoße:

1,5 kg Fleischtomaten

250 g Zwiebeln,
geschält und gewürfelt

3 Knoblauchzehen,
geschält und grob gehackt

2–3 Zweige Rosmarin, Nadeln
abgezupft und gehackt

2–3 Zweige Thymian,
Blättchen abgezupft und gehackt

100 g Olivenöl

60 g Rohrzucker

30 g Tomatenmark

Meersalz und Pfeffer

500 g Gemüsebrühe,
siehe Seite 158

Zubereitung für beide Soßen

Backofen auf 180 °C Umluft vorheizen. Tomaten in 3–4 Durchgängen je ca. 10 Sekunden in kochendem Wasser blanchieren (ohne vorab die Haut einzuschneiden). Anschließend in eiskaltes Wasser geben, dann die Haut abziehen. Tomaten vierteln, Strunk herausschneiden, das Fruchtfleisch in eine große Schüssel geben. Mit den übrigen Zutaten (für die cremige Tomatensoße jedoch ohne Gemüsebrühe) vermengen, mit Meersalz und Pfeffer würzen. Alles auf einem mit Backpapier belegten Backblech verteilen und im Ofen 40–45 Minuten garen, zwischendurch das Blech einmal im Ofen drehen.

Für die fruchtige Soße die Tomaten aus dem Ofen nehmen, in eine große Schüssel füllen und mit einem Schneebesen oder einer großen Gabel kräftig durchrühren. In einem Topf aufkochen und in heiß ausgespülte Flaschen füllen, verschließen, abkühlen lassen und im Kühlschrank aufbewahren. Die Soße hält sich ungeöffnet 4–6 Wochen.

Für die cremige Soße die Tomaten aus dem Ofen nehmen, etwas abkühlen lassen und anschließend im Standmixer oder mit einem Stabmixer kräftig durchmixen. Tomaten mit der Gemüsebrühe in einem Topf aufkochen und in heiß ausgespülte Flaschen füllen, verschließen, abkühlen lassen und im Kühlschrank aufbewahren. Die Soße hält sich ungeöffnet 4–6 Wochen.

Zweierlei Gemüsebolognese

BLUMENKOHLBOLOGNESE

Für 4 Gläser à ca. 500 g Füllmenge

Zubereitungszeit: 45 Minuten

650 g Blumenkohl, in Röschen geteilt und grob geraspelt | 3–4 EL Olivenöl | 2 Knoblauchzehen, geschält und fein gehackt | 250 g Zwiebeln, geschält und gewürfelt | 2 Zweige Rosmarin, Nadeln abgezupft und gehackt | 250 g Fenchel, fein gewürfelt | 200 g Cream Sherry (süßer Sherry; alternativ weißer Traubensaft) | 500 g Tomatenstücke (Dose) | 200 g Tomatensaft | 200 g Gemüsebrühe, siehe Seite 258 | 20–30 g Ahornsirup | 1 TL Paprikapulver edelsüß | 1–2 Msp. Chiliflocken | Meersalz und Pfeffer | 250 g weiße Teile vom Lauch, fein gewürfelt

Zubereitung

Backofen auf 210 °C Umluft vorheizen. Blumenkohl auf zwei mit Backpapier belegten Backblechen verteilen und im Ofen 22–25 Minuten rösten, dabei alle 5 Minuten umrühren. Die Blumenkohlraspel sollten braune Stellen haben, das gibt später den fleischigen Geschmack.

Olivenöl mit Knoblauch, Zwiebeln und Rosmarin bei mittlerer Temperatur erhitzen und 3 Minuten anschwitzen. Fenchel zugeben und 4 Minuten anschwitzen. Mit Cream Sherry ablöschen, Tomatenstücke, Tomatensaft, Gemüsebrühe, Ahornsirup, Paprikapulver und Chiliflocken zugeben, mit Salz und Pfeffer würzen und aufkochen. Gerösteten Blumenkohl und Lauch zugeben, aufkochen und 5–7 Minuten mit Deckel köcheln lassen.

In heiß ausgespülte Gläser abfüllen, gleich verschließen und auskühlen lassen. Im Kühlschrank gelagert, hält sich die Bolognese ungeöffnet mindestens 3 Monate.

GEMÜSEBOLOGNESE

Für 5 Gläser à ca. 500 g Füllmenge

Zubereitungszeit: 70–75 Minuten

7 EL Olivenöl | 3–4 Knoblauchzehen, geschält und fein gehackt | 300 g Zwiebeln, geschält und gehackt | 3 Lorbeerblätter | je 2 Zweige Rosmarin und Thymian | 300 g Möhren, geschält und geraspelt | 100 g Pastinake oder Petersilienwurzel, geschält und geraspelt | 150 g Staudensellerie, geraspelt | 150 g Fenchel, geraspelt | 200 g Lauch, fein gewürfelt | 100 g Tomatenmark | 2 rote Chilischoten, entkernt und gewürfelt | 1,5 kg Tomatenstücke (Dose) | 2 EL Honig oder Ahornsirup | Meersalz und Pfeffer

Zubereitung

4 EL Olivenöl in einem großen Topf erhitzen, jedoch nicht zu heiß werden lassen. Knoblauch, Zwiebeln und Kräuter darin 3 Minuten bei mittlerer Hitze anschwitzen. Geraspeltes Gemüse mit dem Lauch in den Topf geben, gut durchrühren, Tomatenmark, Chilis und 3 EL Olivenöl zugeben, 3 Minuten anschwitzen. Die Tomatenstücke zugeben, mit Honig, Salz und Pfeffer würzen und mit Deckel 60 Minuten köcheln lassen, zwischendurch immer wieder durchrühren.

In heiß ausgespülte Gläser abfüllen, gleich verschließen und auskühlen lassen. Im Kühlschrank gelagert, hält sich die Bolognese ungeöffnet mindestens 3 Monate.

Ballaststoffe sind Pflanzenfasern, für die es im Verdauungstrakt zu wenig Enzyme gibt, um sie vollständig aufspalten zu können, damit sie die Darmwand passieren können. Die wissenschaftlichen Empfehlungen dazu stufen die Ballaststoffe als lebensnotwendige Bestandteile der Nahrungsaufnahme ein. Vergleichbar mit jener für essenzielle Nährstoffe ist diese Einstufung nicht nur als eine Empfehlung zu interpretieren, sondern zeigt den hohen Stellenwert, den Ballaststoffe in unseren täglichen Speiseplänen haben sollten. Im Magen verlängern sie die Verweildauer der Speisen und sorgen dadurch für ein gründliches Aufquellen des Speisenbreis. Im Darm wiederum erhöhen die Ballaststoffe die Bewegung und sorgen dadurch für eine kürzere Verweildauer, was sich günstig auf die Darmgesundheit auswirken kann. Die Deutsche Gesellschaft für Ernährung (DGE) spricht eine Empfehlung von mindestens 30 g Ballaststoffen pro Tag aus. Unter den Getreidesorten hat Roggen den höchsten Anteil an Ballaststoffen (über 10 %). Sämtliche Vollkornmehle, die allermeisten Gemüse- und Obstsorten, Nüsse, Kerne und Hülsenfrüchte versorgen uns ausreichend mit diesen lebenswichtigen Fasern. Der Spitzenplatz mit über 45 % an Ballaststoffen gehört der Weizenkleie.

Alle Arten an Ballaststoffen sollten wir unbedingt zusammen mit ausreichend Flüssigkeit zu uns nehmen, denn sie quellen im Bauch noch weiter auf. Wenn Sie sicher gehen wollen, empfehle ich ein kleines Glas Wasser auf einen Esslöffel Samen. Doch auch sonst gehört eine genügende Flüssigkeitszufuhr zu einer gesunden Ernährung, als Faustregel gelten gemeinhin mindestens 1,5 Liter pro Tag. Bei warmem Wetter oder sportlicher Betätigung sogar mehr. Am besten sind da natürlich Wasser und ungesüßte Tees.

7.

Das volle Korn

Ballaststoffe für einen gesunden Darm

Zweierlei Chutneys

APFELCHUTNEY

Für 6 Gläser à ca. 300 g Füllmenge

Zubereitungszeit: 15–20 Minuten

Garzeit: 20–22 Minuten

200 g brauner Zucker

200 g Zwiebeln, geschält und gewürfelt

2 Knoblauchzehen, geschält und fein gehackt

35 g Ingwer, geschält und fein gewürfelt

2–3 rote Chilischoten,
entkernt und fein gewürfelt

200 g Apfelessig

1 kg Äpfel, geschält,
entkernt und gewürfelt

100 g Cranberrys

100 g Rosinen

2–3 Prisen Fleur de Sel

Zubereitung für beide Chutneys

Zucker in einem Topf schmelzen, Zwiebeln, Knoblauch, Ingwer und Chilis vermengen und im Zucker kurz karamellisieren. Mit Apfelessig ablöschen, dann jeweils die restlichen Zutaten zugeben. Aufkochen und 20–22 Minuten gut köcheln lassen, zwischendurch umrühren. Mit Fleur de Sel abschmecken.

Chutneys heiß in gut verschließbare und heiß ausgespülte Gläser abfüllen, gleich verschließen und auskühlen lassen.

Nach dem Öffnen im Kühlschrank aufbewahren. Ungeöffnet halten sie sich mindestens 3 Monate.

PFLAUMENCHUTNEY

Für 4 Gläser à ca. 300 g Füllmenge

Zubereitungszeit: 15–20 Minuten

Garzeit: 20–22 Minuten

180 g brauner Zucker

250 g Zwiebeln,
geschält und gewürfelt

1 Knoblauchzehe,
geschält und fein gehackt

30 g Ingwer,
geschält und fein gewürfelt

2–3 rote Chilischoten,
entkernt und fein gewürfelt

150 g Apfelessig

600 g nicht zu weiche Pflaumen,
entkernt und gewürfelt

1 Pampelmuse, geschält
und in kleine Stücke geschnitten

1 Orange, geschält
und in kleine Stücke geschnitten

3 Zweige Rosmarin,
Nadeln abgezupft und gehackt

2–3 Prisen Fleur de Sel

Tipp

Die Chutneys schmecken zu Fleisch- und Geflügelgerichten, zu Käse und auch zu gebratenem oder gegrilltem Fisch.

Bunter Gemüsesalat

IM GLAS

Zubereitung

Zwiebeln, Fenchel, Knoblauch und Chilis in eine Schüssel geben und vermengen. Olivenöl in einem großen Topf erhitzen und die Mischung darin 2 Minuten anschwitzen. Paprikawürfel zugeben, alles gut verrühren, anschließend den Ahornsirup zugeben und mit Meersalz und Pfeffer würzen. Vermengen, den Kräuterstrauß zugeben und alles zugedeckt bei mittlerer Hitze 5–6 Minuten garen.

Gemüse abschmecken und noch heiß in heiß ausgespülte Bügel- oder Schraubgläser abfüllen. Abkühlen lassen und den Salat am besten im Kühlschrank aufbewahren. Ungeöffnet hält er sich mindestens 3 Monate.

Tipp

Eine tolle Beilage bei Grillfesten, zu gebratenem Huhn, als Füllung für Ravioli und vieles mehr. Auch für den Abendbrottisch eine genussvolle Bereicherung.

Für 4 Gläser à ca. 500 g Füllmenge

Zubereitungszeit: 20 Minuten
Garzeit: 8–10 Minuten

500 g Zwiebeln, geschält und gewürfelt

350 g Fenchel, gewürfelt

4 Knoblauchzehen, geschält und grob gehackt

2 rote Chilischoten, entkernt und fein gewürfelt

100 g Olivenöl

1,4 kg bunte Paprikaschoten entkernt und gewürfelt

40 g Ahornsirup

Meersalz und Pfeffer

je 4–5 Zweige Rosmarin und Thymian, zusammengebunden

Dreierlei Mayonnaise

OHNE EI

MAYONNAISE NATUR

**Für 1 Glas
à 250–265 g Füllmenge**

Zubereitungszeit: 5 Minuten

25 g Honigsenf

90 g H-Milch (alternativ Nuss-, Getreide- oder Reismilch)

Meersalz und Pfeffer

150 g neutrales Pflanzenöl

1–2 EL Weißwein-, Tomaten-, Apfel-, Quitten- oder heller Balsamicoessig

Zubereitung

Senf mit Milch, Meersalz und Pfeffer in einen hohen Mixbecher geben und mit einem Stabmixer durchmixen. Öl im dünnen Strahl einmixen, erst jetzt den Essig zugeben und einmixen, eventuell nachwürzen. In einer gut verschließbaren Dose oder einem Glas hält sich die Mayo im Kühlschrank so lange, wie die Milch haltbar ist.

GEWÜRZ-HONIG-MAYONNAISE

**Für 1 Glas
à 320 g Füllmenge**

Zubereitungszeit: 5 Minuten

25 g scharfer Senf

90 g H-Milch (alternativ Nuss-, Getreide- oder Reismilch)

10 g indische Gewürzmischung, siehe Seite 231

45 g Honig

2 Prisen Chiliflocken

Meersalz und Pfeffer

150 g neutrales Pflanzenöl

1–2 EL Weißwein-, Tomaten-, Apfel-, Quitten- oder heller Balsamicoessig

Zubereitung

Senf mit Milch, Gewürzmischung, Honig, Chiliflocken, Meersalz und Pfeffer in einen hohen Mixbecher geben und mit einem Stabmixer durchmixen. Öl im dünnen Strahl einmixen, erst jetzt den Essig zugeben und einmixen, eventuell nachwürzen. In einer gut verschließbaren Dose oder einem Glas hält sich die Mayo im Kühlschrank so lange, wie die Milch haltbar ist.

COCKTAILMAYONNAISE

**Für 1 Glas
à 300 g Füllmenge**

Zubereitungszeit: 5 Minuten

25 g Honigsenf

90 g H-Milch (alternativ Nuss-, Getreide- oder Reismilch)

40 g Tomatenketchup

1–2 Prisen Chiliflocken

Meersalz und Pfeffer

150 g neutrales Pflanzenöl (z.B. Sonnenblumen- oder Rapsöl)

1–2 EL Weißwein-, Tomaten-, Apfel-, Quitten- oder heller Balsamicoessig

Zubereitung

Senf mit Milch, Ketchup, Chiliflocken, Meersalz und Pfeffer in einen hohen Mixbecher geben und mit einem Stabmixer durchmixen. Öl im dünnen Strahl einmixen, erst jetzt den Essig zugeben und einmixen, eventuell nachwürzen. In einer gut verschließbaren Dose oder einem Glas hält sich die Mayo im Kühlschrank so lange, wie die Milch haltbar ist.

Zweierlei Brot

IM GLAS

**Für je 5 Gläser
(0,5-1-Sturzform)**

Zubereitungszeit: je 15 Minuten

Backzeit: je 37–40 Minuten

Mascarponebrot:

flüssige Butter für die Gläser

Paniermehl für die Gläser

500 g Dinkelmehl (Type 630)
plus mehr zum Arbeiten

420 g Mascarpone

80 g Joghurt (3,5–3,8 % Fett)

2 Eier (Größe M)

30 g Ahornsirup

16 g Weinsteinbackpulver

12 g grobes Meersalz

Kräuterbrot:

flüssige Butter für die Gläser

Paniermehl für die Gläser

500 g Dinkelmehl (Type 630)
plus mehr zum Arbeiten

250 g Magerquark

40 g Ahornsirup

150 g Mineralwasser
mit Kohlensäure

150 g Sonnenblumenöl

1 Pck. (16 g) Backpulver

16 g Meersalz

20 g gemischte Kräuter (TK)

jeweils 1 Schuss Essig zum
Abkochen der Gummiringe

Zubereitung für beide Brotsorten

Backofen auf 200 °C Umluft vorheizen. Gläser mit flüssiger Butter bestreichen und mit Paniermehl auskleiden, dabei die Glasränder sauber halten bzw. anschließend abwischen. Die Gläser auf ein kleines Backblech setzen.

Alle Zutaten für den jeweiligen Teig in die Rührschüssel einer Küchenmaschine geben und mit dem Flachrührer zu einem Teig verarbeiten. Teig anschließend auf einer leicht bemehlten Arbeitsfläche leicht mit den Händen durchkneten, zu einer Rolle formen und mit einer Teigkarte in 5 gleich große Stücke teilen. Dabei mit nur wenig zusätzlichem Mehl arbeiten. Teigstücke den Gläsern entsprechend formen, dann in die Gläser füllen. Blech mit den Gläsern in den Ofen geben und die Brote 37–40 Minuten backen.

Die Gummiringe der Gläser kurz vor Ende der Backzeit in einem Topf mit Essigwasser aufkochen. Gläser nach dem Backen gleich heiß verschließen.

(Dafür die Gummiringe aus dem Wasser nehmen, in die Deckel einlegen, die Deckel auf die heißen Gläser legen und jeweils mit 2 Klammern befestigen.) Gläser am besten auf ein Holzbrettchen setzen und bei Zimmertemperatur auskühlen lassen.

Klammern nach 12–24 Stunden lösen. Zeigt die Gummilasche nach unten, ist das Glas gut verschlossen und das Brot hält sich ungekühlt 6–8 Monate. Hat das Glas Luft gezogen, zeigt die Lasche nach oben; in diesem Fall das Brot innerhalb von 2–3 Tagen aufbrauchen.

Tipp

Brot der Länge nach in Scheiben schneiden und toasten – einfach köstlich.

Gekörnte Brühe

UND SUPPENSTOCK

GEKÖRNTE BRÜHE

Für 1 Glas à ca. 300 g Füllmenge

Zubereitungszeit: 30 Minuten

Trockenzeit: 7–9 Stunden im Ofen

550 g Sellerieknolle, geschält und
mittelgrob bis fein geraspelt

1 Bund Frühlingslauch, fein gehackt

je ½ grüne und gelbe Zucchini,
mittelgrob bis fein geraspelt

700 g Möhren, geschält und
mittelgrob bis fein geraspelt

150 g Fenchel, mittelgrob bis fein geraspelt

500 g Schalotten, geschält und fein gehackt

100 g Champignons, mittelgrob bis fein geraspelt

1 Bund glatte Petersilie, mit Stielen grob gehackt

6–7 Stängel Liebstöckel, mit Stielen grob gehackt

50 g grobes Meersalz

Zubereitung

Backofen auf 90 °C Umluft vorheizen. Gemüse und
Pilze in eine Schüssel geben und mit den Kräutern
vermengen. Anschließend auf drei mit Backpapier
belegten Backblechen verteilen und 7–9 Stunden
im Ofen trocknen.

Währenddessen das Gemüse immer wieder auf
den Blechen wenden und alle 30 Minuten kurz die
Ofentür öffnen, damit die Feuchtigkeit entweichen kann. Danach gut auskühlen lassen und mit
Meersalz in einem elektrischen Zerkleinerer ganz
fein mixen. In gut verschließbaren Gläsern dunkel
aufbewahren. So hält sich die gekörnte Brühe 1–2
Jahre.

SUPPENSTOCK AUS WURZELGEMÜSE

Für ca. 700 g

Zubereitungszeit: 20 Minuten

Fermentation: 7 Tage

200 g Möhren, geschält und sehr fein zerkleinert
(z. B. in einem elektrischen Zerkleinerer)

200 g Zwiebeln, geschält und sehr fein zerkleinert
(z. B. in einem elektrischen Zerkleinerer)

150 g Sellerieknolle, geschält und sehr fein
zerkleinert (z. B. in einem elektrischen Zerkleinerer)

150 g Lauch, sehr fein zerkleinert
(z. B. in einem elektrischen Zerkleinerer)

100 g Meersalz

Zubereitung

Gemüse in einer großen Schüssel mit dem Salz
vermischen und 5 Minuten gut durchkneten.
Anschließend in ein großes oder zwei kleinere
Schraubgläser abfüllen und 5–7 Tage geschlossen
bei Zimmertemperatur durchziehen lassen. Nach
dieser Zeit ist der Suppenstock einsatzbereit und
ersetzt die gekörnte Brühe oder den Brühwürfel.

Der Suppenstock hält sich kühl gelagert 6–8 Monate.

Backwaren

SÜSS UND HERZHAFT

Wir lieben Backwaren in jeder Form. Frisches, duftendes Brot und selbst-gebackene Brötchen – das ist Liebe, das ist ein Bekenntnis zum Leben. Es geschieht in verlässlicher Regelmäßigkeit, dass meine Brote und Brötchen frisch aus dem Ofen noch heiß verputzt werden. Ich konnte auch feststellen, dass gute Backwaren diplomatische Instrumente sind: Ich habe noch jeden Zwist mit Kuchen und süßen Teilen geschlichtet.

Aber süße Backwaren sind und bleiben Naschwerk. Sie sind kulinarische Höhepunkte – und sollten es auch bleiben – und (das gerät meistens in Vergessenheit) sie sind ein energiegeladener Treibstoff für unseren Körper. Viele von uns leiden unter einem viel zu starken Verlangen nach Zuckerstoff in jeder Form. Vielleicht ist es mir hier gelungen, für dieses Bedürfnis einige Rezepturen zu entwickeln, die ein wenig bekömmlicher und verträglicher sind als die extrasüßen Zuckerbomben, die wir normalerweise naschen.

Wir wissen bereits, dass fast alle Brotlieferanten mit Stoffen arbeiten (müssen), die wir selber zu Hause niemals verwenden würden. Ich kann Ihnen nur wärmstens ans Herz legen, sich Ihre Brote und Brötchen selbst zu backen.

Grießkuchen

MIT BEEREN UND GRANATAPFELKERNEN

Für eine Tarteform mit Hebeboden von 24 cm Durchmesser (12 Stücke)

Zubereitungszeit: 60 Minuten

Backzeit: 70 Minuten

Kühlzeit: am besten über Nacht

Boden:

70 g Cashewkerne

120 g Dinkelmehl (Type 630)

30 g Buchweizenmehl

60 g Rohrzucker

1 Prise Meersalz

160 g Magerquark

Butter und Paniermehl für die Form

getrocknete Hülsenfrüchte zum Blindbacken

Füllung:

350 g Cashewmilch (alternativ andere Milch)

½ TL Vanillepaste

120 g Rohrzucker

50 g Weichweizengrieß

250 g Magerquark

15 g Speisestärke

1 Ei (Größe M oder L)

Belag:

100 g Sahne

100 g Mascarpone

1 EL Zucker

250 g frische gemischte Beeren

1–2 EL Granatapfelkerne (Frischetheke)

Zubereitung

Für den Boden Cashewkerne in einem elektrischen Zerkleinerer zerkleinern und mit den übrigen Zutaten in einer Küchenmaschine mit dem Flachrührer zu einem Teig verarbeiten. In Frischhaltefolie wickeln und 30 Minuten kalt stellen. In der Zwischenzeit die Form ausbuttern und mit Paniermehl ausstreuen. Ebenfalls kalt stellen.

Währenddessen für die Füllung Cashewmilch mit Vanillepaste und 20 g Zucker aufkochen, den Grieß mit einem Schneebesen einrühren und unter Rühren 2–3 Minuten kochen. Masse anschließend in eine kleine Schüssel geben, mit Frischhaltefolie abdecken und auskühlen lassen.

Backofen auf 180 °C Umluft vorheizen. Den Teig zwischen zwei Lagen Frischhaltefolie rund ausrollen, Folien abziehen und die Tarteform mit dem Teig auskleiden. Mehrfach mit einer Gabel einstechen, dann 20 Minuten in den Gefrierschrank stellen. Den Boden anschließend mit Backpapier belegen, mit Hülsenfrüchten beschweren und 25 Minuten im Ofen blindbacken. Hülsenfrüchte und Backpapier entfernen, den Boden weitere 10 Minuten backen. Die Temperatur des Backofens auf 160 °C Ober-/Unterhitze reduzieren.

Die ausgekühlte Grießmasse mit Quark, 100 g Zucker, Stärke und Ei mit der Küchenmaschine glatt rühren, auf dem Boden verteilen und glatt streichen. Kuchen 35 Minuten im Ofen backen.

Grießkuchen bei Raumtemperatur etwas auskühlen lassen und am besten über Nacht in den Kühlschrank stellen. Danach aus der Form nehmen und auf eine Servierplatte setzen.

Für den Belag Sahne mit Mascarpone und Zucker cremig aufschlagen und auf dem kalten Kuchen verteilen. Mit Beeren und Granatapfelkernen dekorieren.

Mandelhörnchen
MIT MARZIPANFÜLLUNG

Zubereitung

Backofen auf 180 °C Umluft vorheizen. Für den Teig Mehl, Backpulver, Zucker, Vanillepaste, Quark und Milch in die Rührschüssel einer Küchenmaschine geben und mit dem Flachrührer zu einem Teig verarbeiten. Danach auf der Arbeitsfläche kurz durchkneten, zu einer Teigkugel formen und in der Schüssel 15 Minuten ruhen lassen.

In der Zwischenzeit für die Füllung Marzipan in 6 gleich große Stücke teilen und zu Röllchen von ca. 7–8 cm Länge formen.

40 g geschmolzene Butter zum Teig geben und erneut 1–2 Minuten mit dem Flachrührer durcharbeiten. Teig auf eine leicht bemehlte Arbeitsfläche geben und mit einer Teigrolle zu einem Kreis (35 cm Durchmesser) ausrollen. Teigkreis in 6 gleich große Segmente teilen.

Teigstücke mit 20 g geschmolzener Butter bestreichen und die Marzipanröllchen auf das breite Ende legen. Vom breiten Ende zur Spitze hin zu Hörnchen aufrollen und auf ein mit Backpapier belegtes Backblech legen.

Hörnchen mit übriger Butter bestreichen und mit Mandelblättchen bestreuen. Im Ofen 22–25 Minuten knusprig backen. Anschließend mit etwas Puderzucker bestäuben.

Für 6 Stück

Zubereitungszeit: 20 Minuten
Backzeit: 22–25 Minuten

Teig:

200 g Dinkelmehl (Type 630) plus mehr zum Arbeiten

8 g Weinsteinbackpulver

50 g Rohr- oder Kokosblütenzucker

½ TL Vanillepaste

100 g Magerquark

50 g Nussmilch (alternativ Kuh-, Getreide- oder Reismilch)

40 g Butter, geschmolzen

Füllung und Belag:

180 g Marzipan

40 g Butter, geschmolzen

20 g Mandelblättchen

Puderzucker zum Bestäuben

Pannekoeken

MIT BEEREN UND CASHEWCREME

Für 4 Personen

Zubereitungszeit: 15 Minuten
Backzeit: 15–17 Minuten

3 Eier (Größe L)

¼ TL Meersalz

1 TL Zimt

250 g Milch

150 g Weizenmehl (Type 405)

1 TL Butterschmalz

Außerdem:

100 g Cashewkerne, 12 Stunden
in 200 g Wasser eingeweicht

125 g gemischte Beeren

Puderzucker zum Bestäuben

Minze und essbare Blütenblätter
zum Dekorieren

Zubereitung

Vier kleine gusseiserne Auflaufformen (12 cm Durchmesser, Füll-menge 250 ml; alternativ eine große gusseiserne Pfanne) auf einem Backblech im Backofen 25 Minuten vor Beginn der Zubereitung bei 220 °C Umluft vorheizen.

Eier mit Salz, Zimt und Milch in einen Standmixer geben und auf mittlerer Stufe kurz durchmixen. Mehl löffelweise einmixen, dann die Masse einmal kräftig auf höchster Stufe durchmixen.

Butterschmalz gleichmäßig in den heißen Auflaufformen verteilen, sofort den Teig einfüllen, den Ofen schnell wieder schließen. Die Pannekoeken 15–17 Minuten backen.

In der Zwischenzeit die Cashews mit dem Einweichwasser in den Standmixer geben und auf höchster Stufe 2–3 Minuten mixen, dann in eine Servierschale füllen.

Die Pannekoeken aus dem Ofen nehmen, die Beeren mittig darauf verteilen, mit Puderzucker bestäuben, mit Minze und Blütenblättern dekorieren und mit der Cashewcreme servieren.

Tipps

Alternativ zur Cashewcreme schmeckt auch geschlagene Sahne oder Vanillesoße.

Unbedingt gusseiserne Formen oder Pfannen ver-wenden, andere Materialien funktionieren nicht.

Zweierlei Küchlein

MIT APFEL UND ZWIEBEL

Zubereitung

Backofen auf 220 °C Ober-/Unterhitze vorheizen. Ein Muffin-blech leicht einfetten und kalt stellen. Zucker und Zimt mischen. Papier vom Blätterteig abziehen, den Teig wenden und wieder auf das Papier legen, sodass die längere Seite parallel zur Kante der Arbeitsfläche liegt. Jede Teigplatte in 4–5 gleich breite Streifen schneiden.

Für die Zwiebelküchlein die Hälfte der Teigstreifen auf einer Sei-te der Länge nach leicht mit geschmolzener Butter bestreichen, etwas Zimtzucker und etwas Meersalz daraufstreuen. Eine Reihe Zwiebelringe ebenfalls der Länge nach oberhalb des Butterstrei-fens platzieren. Die gebutterte Hälfte so über die Zwiebeln klap-pen, dass die Zwiebelringe noch zu sehen sind (siehe Foto). Dann den Teig locker aufrollen und in das Muffinblech setzen.

Für die Apfelküchlein die übrigen Teigstreifen auf einer Seite der Länge nach leicht mit geschmolzener Butter bestreichen, gut mit Zimtzucker und etwas Meersalz bestreuen. Eine Reihe Apfelschei-ben in 2–3 Lagen ebenfalls der Länge nach oberhalb des Butterstrei-fens platzieren. Die gebutterte Hälfte so über die Äpfel klappen, dass die Wölbungen zu sehen sind (siehe Foto). Dann den Teig locker von links nach rechts aufrollen und in das Muffinblech setzen.

Die Küchlein 24–26 Minuten im Ofen knusprig backen, nach der Hälfte der Zeit das Blech im Ofen drehen.

Tipp

Die Backzeit richtet sich immer nach der Leistungs-fähigkeit Ihres Backofens, also alles gut im Auge behalten.

Bei uns gibt es die Zwiebelküchlein für mich und die Apfelvariante für meinen Mann.

Für 8–10 Stück

Zubereitungszeit: 20–25 Minuten

Backzeit: 24–26 Minuten

2 EL Zucker

1 TL Zimt

2 Pck. Blätterteigrollen aus dem Kühlregal (à 275 g)

60 g Butter, geschmolzen, plus mehr für das Blech

feines Meersalz

2 mittelgroße rote Zwiebeln, geschält und in dünne Scheiben gehobelt

2 große Äpfel (z. B. Gala oder Elstar), geschält, halbiert, entkernt und in dünne Scheiben gehobelt

Frischkäsekuchen

MIT HIMBEEREN

Für eine Springform von 23–24 cm Durchmesser (8–12 Stücke)

Zubereitungszeit: 20 Minuten

Kühlzeit: am besten über Nacht plus 1 Stunde, nachdem das Gelee aufgetragen wurde

Boden:

250 g Bananen-Powerriegel, siehe Seite 49

40 g Butter, geschmolzen

Füllung:

250 g Ziegenfrischkäse

150 g Crème fraîche

2 Eier (Größe L)

80 g Zucker

160 g frische Himbeeren

Guss:

150 g Apfel-, Quitten- oder anderes helles Gelee

Zubereitung

Backofen auf 160 °C Ober-/Unterhitze vorheizen. Boden und Rand einer Springform mit Backpapier auslegen. Powerriegel im elektrischen Zerkleinerer zerkleinern und gleichmäßig in die vorbereitete Springform füllen, die geschmolzene Butter gleichmäßig darauf verteilen. Springform 10 Minuten in den Gefrierschrank stellen.

Für die Füllung Ziegenfrischkäse mit Crème fraîche, Eiern und Zucker in eine Rührschüssel geben und gut miteinander vermengen.

Die Masse in die Springform füllen, die Himbeeren darauf verteilen und den Kuchen 40 Minuten im Ofen backen. Danach auf einem Kuchengitter auskühlen und am besten über Nacht im Kühlschrank durchziehen lassen.

Das Gelee in einem kleinen Topf unter Rühren erhitzen, bis es flüssig ist. Anschließend auf dem Kuchen verteilen und erneut 1 Stunde kalt stellen.

Den Kuchen aus der Form lösen und auf einem Kuchenteller oder einer Servierplatte anrichten.

Kennen wir überhaupt noch ein deutliches Hungergefühl? Wir sitzen bildlich gesprochen unter einem kulinarischen Füllhorn, dessen Angebot an leckeren Speisen nie versiegt. In unserem Kulturkreis wird überall gefuttert: im Liegen, im Stehen, im Laufen. Überall werden wir lückenlos mit Speisen versorgt, auf jedem Bahnsteig und an jeder Ecke steht zumindest in unseren Städten irgendeine Bude, die für Nachschub sorgt. Wir haben unseren Alltag auf dieses Überangebot abgestimmt, wir holen uns oft einfach im Vorübergehen eine Mahlzeit. Es scheint so, als hielten wir ein Hungergefühl kaum aus, weil uns irgendein Mangel bedrohen könnte. Das Gegenteil ist der Fall.

Was passiert eigentlich mit einem Menschen, der unentwegt Nahrung zu sich nimmt? Solch ein ruheloser Esser kann mit großer Gewissheit davon ausgehen, mangelversorgt zu sein, denn bei einem in der Folge permanent überhöhten Insulinspiegel ist der Körper nur noch damit beschäftigt, die zugeführte Nahrung in Fett umzuwandeln. Das raubt sehr viel Energie. Dieser Mensch wird sehr müde sein, ganz ähnlich wie ein Löwe, der sich überfressen hat, sodass er tagelang ausruhen muss. Wenn Sie das nächste Mal so richtig Kohldampf haben, halten Sie das auch mal aus: Das ist ein sehr wichtiges Gefühl! Für den Alltag können Suppentage eine gute Gelegenheit sein, den Körper von Zeit zu Zeit zu schonen. Wer weiter gehen will, kann auch nur klare Brühe und viel heißes Wasser trinken. Sie werden überrascht sein, wie viel Energie Sie dadurch bekommen. Außerdem erfrischt es alle Sinne und macht wieder Lust auf die nächsten leckeren Speisen.

8.

Pausenzeichen

Erfrischende Schonzeiten einlegen

Apfel-Streuselkuchen

MIT ROSMARIN

Für eine Springform von 24 cm Durchmesser (8–12 Stücke)

Backzeit: 40 Minuten

Teig:

200 g Dinkelmehl (Type 630)

100 g Butter (Zimmertemperatur), gewürfelt, plus mehr für die Form

75 g Rohrzucker

1 TL Zimt

2 Eier (Größe M)

5 g Weinsteinbackpulver

Füllung:

800–850 g Äpfel (z. B. Elstar, Gala oder Boskop), geschält, entkernt und in Würfel oder dünne Scheiben geschnitten

1 TL Zimt

1 Prise Meersalz

Streusel:

100 g Dinkelmehl (Type 630)

50 g Butter, gewürfelt

50 g Rohrzucker

2 Zweige Rosmarin, Nadeln abgezupft und fein gehackt

Tipps

Der Kuchen schmeckt auch noch am nächsten und übernächsten Tag. Dann kann man ihn im Ofen leicht erwärmen.

Zum Kuchen passen geschlagene Sahne, Vanillesoße oder Eiscreme.

Zubereitung

Backofen auf 180 °C Umluft vorheizen. Boden einer Springform mit Backpapier auslegen, den Rand buttern. Alle Zutaten für den Teig in die Rührschüssel einer Küchenmaschine geben und mit dem Schneebesen auf mittlerer Stufe cremig rühren. Nur so lange rühren, bis sich alle Bestandteile gut miteinander vermengt haben. Teig in die vorbereitete Springform geben und glatt streichen.

Für die Füllung Äpfel mit Zimt und Meersalz vermengen und gleichmäßig auf dem Teigboden verteilen.

Für die Streusel alle Zutaten in einer Schüssel am besten mit der Hand zu einer krümeligen Masse verarbeiten und auf den Äpfeln verteilen.

Kuchen 40 Minuten im Ofen backen, anschließend auf einem Kuchengitter etwas abkühlen lassen.

Rucola-Ricotta-Brot

MIT TOMATENSALAT

Für 1 Laib

Zubereitungszeit: 20–25 Minuten
Ruhezeit: 90 Minuten
Backzeit: 25–28 Minuten

Teig:

580 g Dinkelmehl (Type 630)
plus mehr zum Arbeiten

70 g Buchweizenmehl

20 g Rohrzucker

16 g Fleur de Sel

9 g Trockenhefe

400 g handwarmes Wasser

Füllung:

70–80 g Rucola, grob gehackt

250 g Ricotta

10 g Olivenöl

1 Prise Meersalz

20 g Paniermehl
oder zarte Haferflocken

Salat:

20–30 Rispentomaten, halbiert

80–100 g Rucola

Meersalz

Olivenöl

Zubereitung

Alle Zutaten für den Teig in die Rührschüssel einer Küchenmaschine geben und mit dem Knethaken 4–5 Minuten durchkneten. Teig mit Frischhaltefolie und dann mit einem Geschirrtuch abdecken. 60 Minuten gehen lassen.

In der Zwischenzeit für die Füllung Rucola mit Ricotta und Olivenöl in einen elektrischen Zerkleinerer geben und 2–3 Minuten mixen, mit Meersalz würzen. Paniermehl zugeben und die Masse zur Seite stellen. Backofen auf 230 °C Umluft vorheizen.

Teig auf eine leicht bemehlte Arbeitsfläche geben und mit einer Teigkarte zu einer Kugel formen. (Dadurch bekommt der Teig eine schöne Spannung.) Anschließend mit den Händen oder einer Teigrolle zu einem Rechteck (50 x 40 cm) drücken und ziehen.

Füllung auf den Teig streichen, dann den Teig über die lange Seite einrollen. Teigrolle mit einem Messer der Länge nach halbieren, die Hälften umeinanderschlingen, zu einer lockeren Schnecke formen und auf ein mit Backpapier belegtes Backblech geben. 30 Minuten gehen lassen, anschließend 25–28 Minuten im Ofen knusprig backen.

Für den Salat Tomaten mit Rucola in eine Schüssel geben. Mit etwas Meersalz würzen und mit Olivenöl parfümieren.

Brot am besten noch warm mit dem Salat servieren.

Rote-Bete-Muffins

MIT FENCHELSAMEN

Für 12 Stück

Zubereitungszeit: 10–12 Minuten

Backzeit 22–25 Minuten

Teig:

Butter für das Blech

190 g gegarte Rote Beten, siehe Seite 227, geschält

150 g Sonnenblumenöl

3 Eier (Größe M)

140 g Weizenmehl (Type 550) oder Dinkelmehl (Type 630)

8 g Backpulver

50 g ungesüßtes Kakaopulver

150 g Rohr- oder Kokosblütenzucker

3 g Fenchelsamen oder Anis, im Mörser leicht zerstoßen (alternativ ½ TL getrocknete Kräuter der Provence)

1 Prise Meersalz

Außerdem:

250 g Sahne

½ EL Zucker

1 Msp. Vanillepaste

frische Beeren

Zubereitung

Backofen auf 160 °C Umluft vorheizen. Ein Muffinblech ausbuttern und kalt stellen. Für den Teig Rote Beten mit Öl und Eiern in einem Standmixer oder mit einem Pürierstab cremig mixen. Rote-Bete-Masse mit den übrigen Zutaten in die Rührschüssel einer Küchenmaschine geben und mit dem Schneebesen zu einem cremigen Teig rühren. Nur so lange verarbeiten, bis sich alle Zutaten gut miteinander vermengt haben. Die Teigmasse gleichmäßig in das vorbereitete Muffinblech füllen und 22–25 Minuten im Ofen backen.

Muffins auf einem Kuchengitter etwas abkühlen lassen, erst dann aus dem Blech lösen.

Sahne mit Zucker und Vanillepaste cremig aufschlagen und mit frischen Beeren zu den Muffins servieren.

Feine Walnussbrötchen

Für 12 Stück

Zubereitungszeit: 15 Minuten

Ruhezeit: 15 Minuten

Backzeit: 22–25 Minuten

Butter für das Blech

Paniermehl für das Blech

500 g Dinkelmehl (Type 630)

250 g Magerquark

80 g Rohrzucker

100 g Milch (alternativ Getreide-
oder Nussmilch)

100 g Sonnenblumenöl

100 g Walnüsse, gehackt und
ohne Fett geröstet

8 g Meersalz

1 Pck. (16 g) Backpulver

Zubereitung

Backofen auf 180 °C Umluft vorheizen. Ein Muffinblech ausbuttern und mit Paniermehl bestäuben. Alle Zutaten in die Rührschüssel einer Küchenmaschine geben und mit dem Flachrührer auf mittlerer Stufe zu einem Teig verarbeiten. Den Teig nur so lange rühren, bis sich alle Zutaten gut miteinander vermengt haben.

Den Teig auf die Arbeitsfläche geben, zu einer Rolle formen und in 12 gleich große Stücke teilen. Die Teigstücke in den Händen rollen und in das vorbereitete Muffinblech setzen. 15 Minuten abgedeckt ruhen lassen, dann im Ofen 22–25 Minuten knusprig backen.

Blech aus dem Ofen nehmen, Walnussbrötchen 5 Minuten auskühlen lassen. Anschließend aus den Vertiefungen nehmen und auf einem Kuchengitter weiter auskühlen lassen.

Tipp

Ich mag die Brötchen am liebsten noch warm, am nächsten Tag kann man sie gut auf einem Toaster aufwärmen.

Orangen-Mandel-Torte

MIT BAISERHAUBE

Für eine Springform von 23–24 cm Durchmesser (12 Stücke)

Zubereitungszeit: 20 Minuten

Ruhezeit: 40–45 Minuten oder über Nacht

Backzeit: 30–35 Minuten

Boden:

250 g Dinkelmehl (Type 630)

100 g Magerquark

130 g kalte Butter, in kleine Stücke geschnitten, plus mehr für die Form

1–2 EL kaltes Mineralwasser

1 gute Prise Meersalz

Füllung:

3 Eier (Größe M)

150 g Zucker

2 Bio-Orangen, Schale fein abgerieben, Saft ausgepresst

150 g Butter, geschmolzen

100 g Mandeln, nicht zu fein gemahlen, ohne Fett geröstet

Baiser:

2 Eiweiß (Größe M)

1 Prise Salz

80 g Zucker

Zubereitung

Für den Boden alle Zutaten in die Rührschüssel einer Küchenmaschine geben und mit dem Flachrührer auf kleiner bis mittlerer Stufe zu einem Mürbeteig verarbeiten. Teig zwischen zwei Lagen Frischhaltefolie leicht ausrollen und für 30 Minuten in den Kühlschrank legen.

Backofen auf 200 °C Ober-/Unterhitze vorheizen. Den Boden einer Springform mit Backpapier belegen, den Rand mit Butter fetten. Teig aus dem Kühlschrank nehmen, Temperatur nehmen lassen, anschließend mit einer Teigrolle zwischen den Frischhaltefolienschichten rund etwas größer als die Form ausrollen. Folien entfernen. Den Teig so in die Form legen, dass sich ein Rand von 2–3 cm Höhe bildet. Teig mit einer Gabel einstechen und für 10–15 Minuten in den Tiefkühler stellen.

Für die Füllung Eier mit Zucker und Orangenabrieb in der Rührschüssel einer Küchenmaschine mit dem Schneebesen auf mittlerer Stufe 5–6 Minuten cremig aufschlagen. Butter mit dem Orangensaft auf kleiner Stufe einlaufen lassen, zum Schluss die gerösteten Mandeln zugeben. Füllung in die Springform füllen und im Ofen gut 30 Minuten backen.

Kuchen nach dem Backen auf einem Kuchengitter auskühlen oder über Nacht im Kühlschrank durchziehen lassen.

Für das Baiser Ofen auf 200 °C mit Grillfunktion aufheizen. Eiweiß mit dem Salz in der Küchenmaschine mit dem Schneebesen cremig aufschlagen, Zucker einrieseln lassen und bei mittlerer bis höchster Stufe 3–4 Minuten aufschlagen. Die Masse auf dem kalten Kuchen verteilen und im Ofen kurz hellbraun gratinieren.

Torte aus der Form lösen, auf einen Servierteller stellen und servieren. Im Kühlschrank hält sie sich 3–4 Tage.

„Zeit plus Zeit ist mehr Zeit. Brot plus Zeit ist Brotzeit. Zeit mal Zeit ist Mahlzeit", dichtete der wunderbare Kabarettist Gerhart Polt, um damit die atmosphärisch wesentliche Lebensqualität der Gemütlichkeit zu beschreiben.

Die Tafelkultur hat sich in den letzten 20 Jahren so stark gewandelt, dass wir einen sorgfältig gedeckten Tisch irgendwie spießig finden oder altbacken. Das ist für viele von uns Folklore geworden oder gehört eventuell zu einer Familienfeier dazu. Die modernen Küchen wurden für die rasche, unkomplizierte Nahrungsaufnahme optimiert, und erstaunlicherweise lautet auch hier der Tenor: Schnell muss es gehen und wenig Arbeit soll es machen. Was soll der Stress? Die allerbeste Voraussetzung für eine gute Verdauung ist die ungeteilte Aufmerksamkeit, also Zeit und Ruhe. Wir müssen die Nahrung sehr gut kauen, das dauert einfach. Und das machen wir nicht, wenn wir beim Essen stehen.

Und wenn wir uns nun von der folkloristischen Interpretation der Tafelkultur mit zugegebenermaßen manchmal recht eigenwilligen Accessoires der Körperkultur zuwenden, die ein Fundament der Gesundheit bildet, dann spielt es keine Rolle mehr, welche Deckchen und Kerzen auf dem Tisch zu finden sind. Wichtig ist vielmehr, für uns eine Atmosphäre der Ruhe zu schaffen, um das, was uns lebendig macht, ungeteilt aufzunehmen. Hierbei zählt jedes Essen und Eile ist für uns ein Alltags-Gift. Wenn wir uns für diese Schnellaktionen auch noch die besten Lebensmittel besorgen, dann wird die ganze Aktion umso absurder. Wir brauchen, um die größte Kraft aus der guten Nahrung zu ziehen, Ruhe, ungeteilte Aufmerksamkeit, und eine geeignete Atmosphäre. Das gehört einfach dazu.

9.

Zeit für Genuss

Achtsam genießen

Emmervollkornbrot

MIT PIKANTER LINSENCREME

Für ein Kastenbrot von 30 cm Länge

Zubereitungszeit: ca. 25 Minuten

Ruhezeit: 50 Minuten

Backzeit: 30 Minuten

Zubereitungszeit Linsencreme: 25–30 Minuten

Brot:

18 g frische Hefe

1 EL Ahornsirup

200 g handwarmes Wasser

500 g Emmervollkornmehl plus 1–2 EL zum Bestäuben

14 g Meersalz

7 g Fenchelsamen, im Mörser leicht zerstoßen

180 g Orangensaft (von 2–3 Orangen)

Linsencreme:

250 g getrocknete rote Linsen

80 g Zwiebeln, geschält und gewürfelt

1 TL Kokosöl

500 g Wasser

100 g Tomatenmark

70 g Olivenöl

10 g Paprikapulver edelsüß

2 Prisen Chiliflocken

15 g heller Balsamicoessig (alternativ 10 g Apfelessig)

15 g getrocknete Kräuter der Provence

Meersalz

Zubereitung

Für das Brot Hefe in ein Schraubglas bröckeln, Ahornsirup zugeben und 100 g Wasser angießen. Glas verschließen und gut schütteln. Hefeansatz 10 Minuten gehen lassen.

Licht im Backofen anstellen (das ergibt eine ideale Gärkammer für den Hefeteig). Eine Kastenform mit Backpapier auskleiden. Alle übrigen Zutaten für das Brot mit dem Hefeansatz in die Schüssel einer Küchenmaschine geben und mit dem Knethaken oder Flachrührer 4–5 Minuten auf kleiner bis mittlerer Stufe durchkneten. (Der Teig ist sehr cremig.) Teig in die Form füllen, mit Mehl bestäuben und 30 Minuten im beleuchteten Backofen gehen lassen.

Form vorsichtig aus dem Ofen nehmen, auf ein Holzbrettchen stellen, mit einem leichten Küchentuch abdecken. Backofen auf 240 °C Umluft vorheizen. Sobald die Temperatur erreicht ist, das Brot in den Ofen stellen und 10 Minuten backen. Ofentemperatur auf 210 °C reduzieren und das Brot

weitere 20 Minuten backen. Anschließend mithilfe des Papiers aus der Form heben und auf einem Kuchengitter auskühlen lassen.

Für die Linsencreme Linsen unter kaltem Wasser auf einem Sieb gut abbrausen und abtropfen lassen. Zwiebeln in Kokosöl leicht anschwitzen, anschließend die Linsen zugeben. Wasser angießen, die Linsen aufkochen und mit Deckel 10 Minuten köcheln lassen. Danach in einen hohen Mixbecher geben und 15 Minuten auskühlen lassen.

Die übrigen Zutaten in den Mixbecher geben und die Masse mit dem Stabmixer kräftig durchmixen, bis eine feine, sämige Konsistenz entstanden ist. Mit Meersalz abschmecken.

Ausgekühltes Brot mit der Linsencreme servieren.

Reines Saatenkernbrot

OHNE MEHL

Zubereitung

Alle Zutaten für das Brot in die Rührschüssel einer Küchenmaschine geben und mit einem Flachrührer 2–3 Minuten bei niedriger bis mittlerer Geschwindigkeit durchrühren.

Eine Kastenform mit Backpapier auskleiden und die Teigmasse einfüllen. Etwas andrücken und glatt streichen, anschließend 1 Stunde bei Zimmertemperatur ruhen lassen.

Backofen auf 180 °C Umluft vorheizen. Kastenform in den Ofen stellen und das Brot 50 Minuten backen. Danach vorsichtig aus der Form lösen und ohne Papier in den Ofen stellen. Ofen auf 200 °C mit Grillfunktion stellen. Weitere 2–4 Minuten backen, bis sich eine knusprige Kruste entwickelt. (Dabei unbedingt beim Backofen bleiben und den Bräunungsgrad des Brotes im Auge behalten.) Brot anschließend aus dem Ofen nehmen und auf einem Kuchengitter abkühlen lassen.

Tipp

Ich serviere zum Brot gerne Olivenöl, Meersalz, Hüttenkäse und Kresse.

Für ein Kastenbrot von 25 cm Länge

Zubereitungszeit: 15 Minuten

Backzeit: 50–55 Minuten

100 g zarte Haferflocken

50 g Süßlupinenmehl (alternativ Mandelmehl)

70 g ungesalzene Erdnüsse, grob gehackt

70 g Kürbiskerne, grob gehackt

70 g Sonnenblumenkerne

70 g Leinsamen

40 g Chiasamen

40 g Flohsamen

14 g Meersalz

350 g handwarmes Wasser

Mischbrot

MIT CHIASAMEN UND GRAUMOHN

**Für ein Kastenbrot
von 30 cm Länge**

Zubereitungszeit: 15 Minuten

**Ruhezeit: 12–14 Stunden
(über Nacht)**

Backzeit: 35 Minuten

15 g frische Hefe

430 g handwarmes Wasser

400 g Weizenmehl (Type 550)
oder Dinkelmehl (Type 630)

100 g Roggenvollkornmehl

14 g feines Meersalz

25 g Chiasamen

20 g Graumohn

Zubereitung

Hefe in ein Schraubglas bröckeln und 150 g Wasser angießen. Das Glas verschließen und gut schütteln. Hefeansatz 10 Minuten gehen lassen.

Eine Kastenform mit Backpapier auskleiden. Alle übrigen Zutaten für den Teig mit dem Hefeansatz in die Schüssel einer Küchenmaschine geben und mit dem Knethaken oder Flachrührer 4–5 Minuten auf kleiner bis mittlerer Stufe durchkneten. (Der Teig ist sehr cremig.) Teig in die vorbereitete Kastenform füllen, mit Mehl bestäuben und 12–14 Stunden im Kühlschrank ruhen lassen.

Brot aus dem Kühlschrank nehmen und für 30 Minuten auf ein kleines Holzbrettchen setzen, damit es Temperatur annehmen kann. Währenddessen Backofen auf 230 °C Umluft vorheizen. Brot 30 Minuten in der Form im Ofen backen, dann mithilfe des Backpapiers aus der Form nehmen und weitere 5 Minuten backen.

Anschließend auf einem Kuchengitter abkühlen lassen.

Blechbrot

MIT SESAM

Zubereitung

Für den Teig Hefe in ein Schraubglas bröckeln, 150 g Wasser und den Ahornsirup angießen. Das Glas verschließen und gut schütteln. Hefeansatz ca. 10 Minuten gehen lassen.

Alle übrigen Zutaten für den Teig mit dem Hefeansatz in die Schüssel einer Küchenmaschine geben und mit dem Knethaken oder Flachrührer 4–5 Minuten auf kleiner bis mittlerer Stufe durchkneten. (Der Teig ist sehr cremig.)

Teig auf ein mit Backpapier belegtes Backblech geben und mit einem feuchten Küchenspatel gleichmäßig verteilen. Mit feuchten Fingerspitzen kleine Vertiefungen in den Teig drücken, das Olivenöl darüber verteilen und mit Sesam bestreuen. Das Backblech auf ein Holzbrettchen setzen, mit etwas Backpapier locker abdecken und den Teig 60 Minuten bei Zimmertemperatur gehen lassen.

Backofen auf 240 °C Umluft vorheizen. Das Brot 10 Minuten im Ofen backen, dann die Temperatur auf 220 °C reduzieren und weitere 20–25 Minuten backen. Anschließend auf einem Kuchengitter etwas auskühlen lassen.

Tipp

Ich serviere dazu gern Kräuterquark, etwas Käse und rote Zwiebelringe.

Für 1 Brot

Zubereitungszeit: 20 Minuten
Ruhezeit: 60 Minuten
Backzeit: 30–35 Minuten

Teig:

15 g frische Hefe

400 g handwarmes Wasser

1 EL Ahornsirup

280 g Dinkelvollkornmehl

220 g Dinkelmehl (Type 630)

14 g Meersalz

Belag:

20 g Olivenöl

15 g ungeschälte Sesamsamen

Gesunde Basics

KÖSTLICH UND SELBSTGEMACHT

Der Abschluss meiner kulinarischen Zusammenstellung ist hoffentlich der Beginn Ihrer gesunden kulinarischen Reise durch den Alltag. Erweitern Sie Ihren Koch-Horizont, indem Sie auf die einfachste Weise Gemüse selbst fermentieren. Die milden Milchsäurebakterien sind besonders bekömmlich und die feine Würze von fermentiertem Gemüse ist ein unvergleichlicher Hochgenuss. Sie können Ihre Butter selbst machen und danach auch noch Ihren Körper mit unverfälschter Buttermilch verwöhnen.

Frischkäse, selbstgemachte Brotaufstriche, die Zutaten für Curry und Goldene Milch und Vanillezubereitungen bieten die Grundausstattung einer gesunden Ernährung, die bei mir nicht auf Verzicht oder Mangel ausgerichtet ist, sondern sich immer aus dem Füllhorn der Geschmacksvielfalt bedienen darf.

Wesentlich bleibt von Anfang bis Ende: So viel wie nur möglich selbst machen und nur ab und zu auf Fertigprodukte zurückgreifen!

Frischkäse-Variationen

KRÄUTERFRISCHKÄSE

Für 350–400 g

Zubereitungszeit: 5 Minuten

Zeit zum Abhängen: 40–48 Stunden

250 g Magerquark

25 g gemischte Kräuter (TK)

Meersalz und Pfeffer

250 g Sahne

Zubereitung

Quark und Kräuter in einer großen Schüssel verrühren und mit Meersalz und Pfeffer würzen. Sahne steif schlagen und unter die Masse ziehen. Einen Durchschlag oder ein Haarsieb mit einem kalt ausgewaschenen ausgedrückten Käseleinen oder Mulltuch auslegen, die cremige Kräutermasse einfüllen und glatt streichen. Auf eine große Schüssel setzen und im Kühlschrank 40–48 Stunden abhängen lassen. Dabei vor allem am Anfang alle 3–4 Stunden die abgetropfte Flüssigkeit abgießen.

Kräuterfrischkäse nach dem Abtropfen auf eine Servierplatte oder einen großen Teller stürzen. Er hält sich im Kühlschrank mit Folie abgedeckt 7–10 Tage.

FRISCHKÄSEPRALINEN

Für 12–16 Pralinen

Zubereitungszeit: 15 Minuten

Zeit zum Abhängen: 40–48 Stunden

1 kg Joghurt (3,5–3,8 % Fett)

je ½ rote und gelbe Chilischote, entkernt und fein gewürfelt

30 g frische gemischte Kräuter (z. B. Minze, Estragon, Koriander, Petersilie, Dill), fein gehackt

Meersalz und Pfeffer

1–2 EL getrocknete Kräuter nach Geschmack

1–2 EL Chiliflocken

Zubereitung

Joghurt, Chilis und frische Kräuter in einer großen Schüssel verrühren und mit Meersalz und Pfeffer würzen. Einen Durchschlag oder ein Haarsieb mit einem kalt ausgewaschenen ausgedrückten Käseleinen oder Mulltuch auslegen, die Joghurtmasse einfüllen und glatt streichen. Auf eine große Schüssel setzen und im Kühlschrank 40–48 Stunden abhängen lassen. Dabei vor allem am Anfang alle 3–4 Stunden die abgetropfte Flüssigkeit abgießen.

Aus der abgetropften Masse mit feuchten Händen 12–16 gleich große Kugeln formen und in getrockneten Kräutern oder Chiliflocken wälzen.

In einer gut verschließbaren Dose mit Backpapier halten sich die Frischkäsepralinen 14–20 Tage. In dieser Zeit reifen sie und werden immer besser.

Apfel-Müsli-Smoothie

Zubereitung

Den Apfel mit den restlichen Zutaten bis auf die Blüten in einen Standmixer geben. Auf der höchsten Stufe 30–45 Sekunden mixen.

Smoothie in Gläser füllen und mit ein paar Geranienblütenblättern verzieren.

In eine Flasche gefüllt hält sich der Smoothie im Kühlschrank 2–3 Tage. (Dabei die Flasche nur zu ca. drei Viertel füllen, damit man den Smoothie vor dem Verzehr gut schütteln kann.)

Tipp

Um Abwechslung in den Smoothie zu bringen, kann man auch etwas Zimt oder ein kleines Stückchen Ingwer mitmixen. Wer mag, gibt auch noch einen Spritzer Zitronensaft dazu.

Für 6–8 kleine Gläser

Zubereitungszeit: 10 Minuten

1 Apfel (z. B. Elstar, Gala oder Pink Lady), geschält, geviertelt und entkernt

500 g kaltes Mineralwasser mit Kohlensäure

50 g zarte Haferflocken

40 g Rosinen

25 g getrocknete Cranberrys

25 g Mandeln

25 g Leinsamen

25 g Tahin (Sesampaste) bzw. Mandel- oder Nussmus

Geranienblütenblätter zum Dekorieren

Selbstgemachte Butter

UND BUTTERMILCH

Zubereitungszeit: 15 Minuten

Butter Natur:

500 g kalte Sahne (32 % Fett)

10–12 Eiswürfel

Salzbutter zusätzlich:

1–2 gute Prisen Fleur de Sel

Kräuterbutter zusätzlich:

2 EL gemischte Kräuter, z. B. italienisch oder nordisch (TK)

Tipps

Butter immer in einer gut verschlossenen Dose aufbewahren, da sie leicht fremde Gerüche annimmt. Sie lässt sich auch gut einfrieren und ist dann 2–3 Monate haltbar.

Buttermilch ist auch als Badezusatz klasse oder, mit feinem Salz vermengt, ein super Peeling.

Zubereitung

Für die Butter Natur Sahne in die gekühlte Schüssel einer Küchenmaschine geben und mit dem Schneebesen beginnend auf der kleinsten Stufe schlagen, nach und nach die Geschwindigkeit erhöhen. (Bei Bedarf den Spritzschutz auf die Schüssel setzen.) Sahne so lange schlagen, bis sie sich in Fett und Buttermilch getrennt hat. Das kann 8–10 Minuten dauern, dabei während des Aufschlagens zwischendurch den Rand der Schüssel bei ausgeschalteter Maschine mit einem Küchenspatel säubern und abgesetzte Bestandteile wieder unterrühren.

Einen Durchschlag oder ein Haarsieb auf eine Schüssel setzen, ein Käseleinen oder Mulltuch in kaltem Wasser auswaschen, ausdrücken und ausgebreitet auf das Sieb geben. Butter samt Buttermilch mittig auf das Tuch gießen, leicht ausdrücken. Abgetropfte Buttermilch zur Seite stellen, die Butter in eine Schüssel mit kaltem Wasser und Eiswürfeln geben und leicht im eiskalten Wasser ausdrücken. Tuch in kaltem Wasser erneut ausspülen und auswringen. Butter zurück in das Tuch geben und leicht ausdrücken. Die Butter Natur hält sich im Kühlschrank 3–4 Tage.

Für die Salzbutter Butter Natur wie oben angegeben herstellen und mit Fleur de Sel vermengen. (Das geht am besten in der Küchenmaschine.) Danach zurück in das Tuch geben, eindrehen und leicht auspressen. Hält sich 7–9 Tage im Kühlschrank.

Für die Kräuterbutter Salzbutter wie oben angegeben herstellen und mit dem Fleur de Sel die Kräuter einrühren. Hält sich ebenfalls 7–9 Tage im Kühlschrank.

Die Buttermilch ist ein tolles Erfrischungsgetränk, egal ob pur oder mit Himbeeren, siehe Seite 32. Sie hält sich in einer Flasche gut verschlossen 3–4 Tage im Kühlschrank.

Bananen-Schoko-Smoothie

Zubereitung

Bananen mit Milch, Mineralwasser, Feigen und Datteln in einem Standmixer oder mit einem Stabmixer kräftig durchmixen. Sonnenblumenkerne, Haferflocken, Kakao und Eiswürfel zugeben und auf voller Leistung 30–45 Sekunden mixen.

Smoothie in Gläser füllen und mit Schokoladenraspeln dekorieren.

In eine Flasche gefüllt hält sich der Smoothie im Kühlschrank 2–3 Tage. (Dabei die Flasche nur zu ca. drei Viertel füllen, damit man den Smoothie vor dem Verzehr gut schütteln kann.)

Für 4 Gläser

Zubereitungszeit: 10 Minuten

180 g Bananenfruchtfleisch (von ca. 2 kleinen Bananen)

400 g kalte Milch (alternativ Nuss- oder Getreidemilch)

100 g kaltes Mineralwasser mit Kohlensäure

40 g getrocknete Feigen, gewürfelt

30 g getrocknete Datteln (z. B. Medjool-Datteln), entkernt und gewürfelt

40 g Sonnenblumenkerne, ohne Fett geröstet

30 g zarte Haferflocken

10 g ungesüßtes Kakaopulver

6–8 Eiswürfel

10–15 g Bitterschokolade (70 % Kakaogehalt), geraspelt

Fermentiertes Gemüse

**Für je 2 Gläser
à ca. 500 g Füllmenge**

Zubereitungszeit: je 10–15 Minuten

Reifezeit: je 2–3 Wochen

Kohl:

1 kg Weißkohl, geviertelt und ohne Strunk in feine Streifen geschnitten

30 g feines Meersalz

Möhren:

1 kg Möhren, geschält und geraspelt

30 g feines Meersalz

Zubereitung für beide Gemüsesorten

Geraspeltes Gemüse jeweils in eine große Schüssel geben, das Meersalz darauf verteilen und kräftig kneten, bis Flüssigkeit austritt. Gemüse und etwas Flüssigkeit in heiß ausgespülte Schraubgläser füllen, dabei gut pressen. Gläser großzügig mit Frischhaltefolie abdecken und verschließen.

Gläser auf ein kleines Blech setzen und 3–4 Tage bei Zimmertemperatur fermentieren lassen. (Über die Frischhaltefolie läuft der entstehende Gärsaft ab.) Anschließend 2–3 Wochen an einem kühlen Ort (z. B. im Keller) lagern, danach ist das fermentierte Gemüse bereit zum Verzehr.

Tipp

Wenn man das Blech regelmäßig reinigt, entsteht kein unangenehmer Geruch.

Vielfach wird die Frage gestellt, warum wir Zucker und Süßes so sehr lieben. Es gibt Stimmen, die behaupten, es läge an der Süße der Muttermilch, die unsere allererste Nahrungskonditionierung darstellt. Andere sagen, wir würden unentwegt nach einem Höchstmaß an schneller Energie suchen, und Zucker ist ein Turbo, der nun einmal heftig zündet. Die Diskussion wird noch sehr lebhaft weitergeführt und hat bereits unzählige Bücher über ein zuckerfreies Leben auf den Markt gebracht. Ein Zuviel an Zucker ist nicht nur schlecht für unsere Zähne, es begünstigt auch die typischen Zivilisationskrankheiten.

Weniger Salz und Zucker zu verwenden kann eine ganz schöne Herausforderung sein, denn wir haben uns über einen langen Zeitraum an den salzigen oder süßen Geschmack gewöhnt. Es gibt allerdings zahlreiche Alternativen, die uns die Umgewöhnung erleichtern können. Anstelle von Zucker können wir zum Beispiel zu Datteln, Ahornsirup, Kokosblütenzucker oder Honig greifen. Am Ende des Tages sind diese Alternativen zwar auch nichts anderes als Zucker, ihre teils höhere Süßkraft und der besondere Eigengeschmack machen es uns allerdings etwas leichter, weniger davon zu verwenden. Auch weniger Salz zu konsumieren ist nicht schwer. Oft reicht es schon, mehr Kräuter und Gewürze zu verwenden. Außerdem haben gute Zutaten selbst ein so tolles Aroma, dass wir automatisch weniger Salz benötigen. Ein gutes Fleur de Sel ist, wenn auch etwas kostspieliger, auf jeden Fall die Investition wert, weil es mild ist und den Geschmack unserer Speisen sanft unterstützt.

10.

Weniger ist mehr

Zucker und Salz einsparen

IM BACKOFEN GEGARTE

Rote Beten

Zubereitung

Backofen auf 200 °C Ober-/Unterhitze vorheizen. 10 Blätter Alufolie oder Backpapier vorbereiten. Rote Beten mittig auf die Folie bzw. das Papier setzen, jeweils 1 Zweig Rosmarin zugeben und mit je 2 EL Wasser beträufeln. Die Päckchen sorgfältig verschließen und auf ein Backblech setzen.

Rote Beten 65–70 Minuten im Ofen garen. Anschließend im ausgeschalteten Ofen weitere 10 Minuten ziehen lassen. Herausnehmen, etwas auskühlen lassen und schälen.

In einer gut verschließbaren Dose halten sich die Beten im Kühlschrank 2–3 Wochen. Sie lassen sich gut für Salate, Ragouts, Muffins oder viele andere Gerichte verwenden.

Für 10 Stück

Zubereitungszeit: 10 Minuten
Garzeit: 75–80 Minuten

10 Rote Beten (ca. 1,2 kg),
Stiele entfernt
10 kleine Zweige Rosmarin

Selbstgemachter Panir

Für 4–6 Personen

Zubereitungszeit: 10–15 Minuten
Ruhezeit: 1–2 Stunden

2 l frische Vollmilch
85 g Zitronensaft
(von ca. 1 ½ Zitronen)

Zubereitung

Einen Durchschlag oder ein Sieb auf eine große Schüssel setzen und mit einem kalt ausgewaschenen, ausgewrungenen Käseleinen oder Küchentuch auslegen.

Milch in einem großen Topf unter gelegentlichem Rühren zum Kochen bringen. Zitronensaft einrühren, aufkochen und die Flüssigkeit auf den vorbereiteten Durchschlag gießen. Das Tuch an den Enden zusammennehmen, drehen und den Käsebruch gut auspressen. Käsebruch in eine mit Frischhaltefolie ausgelegte Dose geben und mit einem Löffelrücken hineinpressen.

Panier für 1–2 Stunden in den Kühlschrank stellen, danach stürzen, in Stücke schneiden und nach Rezeptangabe verwenden.

Im Kühlschrank hält er sich in einer gut verschlossenen Dose 3–5 Tage.

Tipp

Ich verwende Panir gern für würzige Linsensuppen, Salate und cremige Spinatgerichte.

Indische Gewürzmischung

UND KURKUMAPASTE

INDISCHE GEWÜRZMISCHUNG
Für 85–90 g
Zubereitungszeit: 4–5 Minuten

3 TL Currypulver

3 TL gemahlene Kurkuma

3 TL Ingwerpulver

3 TL Kreuzkümmel, im Mörser zerstoßen

1 ½ TL gemahlene Korianderkörner

1 gestrichener TL Zimt

½ TL gemahlener Piment

½ TL Cayennepfeffer

½ TL gemahlene Nelken

½ TL gemahlener Anis

Zubereitung

Alle Zutaten gut miteinander mischen und in ein gut verschließbares Glas oder eine Dose füllen.

Die Mischung eignet sich zum Würzen von Suppen, Fleischgerichten, cremigen Kohlgerichten, zum Mischen in Panaden und vielem mehr. Dunkel und trocken gelagert hält sie sich ca. 1 Jahr.

KURKUMAPASTE
Für ca. 150 g
Zubereitungszeit: 2 Minuten

30 g gemahlene Kurkuma

120 g gefiltertes Wasser

Zubereitung

Kurkumapulver mit dem Wasser in einem kleinen Topf glatt rühren, bei kleiner Flamme erhitzen und 1–2 Minuten köcheln lassen. Dabei mit einem Küchenspatel immer wieder durchrühren.

Die Paste in ein gut verschließbares Gefäß abfüllen; sie eignet sich zum Würzen von Speisen oder für goldene Milch (s. u.). Kurkumapaste ist im Kühlschrank 6–8 Wochen haltbar.

Goldene Milch:

1 gestrichener TL Kurkumapaste, 200 g Getreide- oder Nussmilch, 1 TL Ahornsirup, 1 TL natives Kokosöl oder gutes Nussöl und 1 Prise Pfeffer gemeinsam aufkochen, dann in einem hohen Gefäß mit einem Stabmixer kurz durchmixen.

Mir schmeckt dieses Getränk warm am besten, aber man kann es auch wunderbar gut gekühlt genießen. Es ist sehr sättigend.

Tipp

Gefiltertes Wasser hat nur wenig oder keine Kalkrückstände. Es wird dadurch weicher – das hebt den Geschmack, ob bei Tee, Kaffee oder dieser Paste.

Das Beste mit Vanille

VANILLEEXTRAKT

Für 600 g

Zubereitungszeit: 2–4 Minuten
Ziehzeit: 3–4 Wochen

12 ausgekratzte Vanilleschoten, in 4–5 cm lange Stücke geschnitten (alternativ 6 frische Vanilleschoten, halbiert, Mark herausgekratzt und ebenfalls verwendet) | 100 g brauner Kandiszucker | 500 g Wodka

Zubereitung

Vanilleschoten und Kandiszucker in eine gut verschließbare, saubere Flasche geben, mit Wodka aufgießen. 3–4 Wochen im Kühlschrank ziehen lassen. Jeden Tag einmal kräftig durchschütteln. Vanilleextrakt ist mehrere Jahre haltbar und eignet sich zum Parfümieren von Kuchen, Gebäck, Soßen, Cremes, Eis, Fruchtsalaten oder für Cocktails.

VANILLEPULVER

Für 1 kleines Glas

Zubereitungszeit: 4–5 Minuten

25–30 ausgekratzte, getrocknete Vanilleschoten, in 2 cm große Stücke geschnitten

Zubereitung

Vanilleschoten in einem elektrischen Zerkleinerer zu Pulver mixen. In ein gut verschließbares Glas abfüllen, dunkel und trocken aufbewahren. So hält sich das Pulver 1–2 Jahre. Zum Parfümieren von Kuchen, Gebäck, Soßen, Cremes, Eis, Fruchtsalaten oder für Cocktails.

VANILLESALZ

Für 510–520 g

Zubereitungszeit: 2 Minuten

3–4 ausgekratzte, getrocknete Vanilleschoten, in 2 cm lange Stücke geschnitten (alternativ 1 ½–2 frische Vanilleschoten) | 500 g grobes Meersalz

Zubereitung

Getrocknete Vanilleschoten mit dem Salz in einem elektrischen Zerkleinerer gut durchmixen. In gut verschließbare Gläser abfüllen und dunkel und trocken aufbewahren. So hält es sich mehrere Jahre. Das Vanillesalz ist toll zum Verfeinern von Salaten, gedünstetem weißem Fisch, zu Geflügel und Krustentieren.

VANILLEZUCKER

Für 510–520 g

Zubereitungszeit: 2 Minuten
Ruhezeit: bei Bedarf 1 Woche

3–4 ausgekratzte, getrocknete Vanilleschoten, in 2 cm lange Stücke geschnitten (alternativ 1 ½–2 frische Vanilleschoten) | 500 g Zucker

Zubereitung

Getrocknete Vanilleschoten mit Zucker in ein geschlossenes Gefäß geben und 1 Woche ziehen lassen. Alternativ frische Vanilleschoten und Zucker in einem elektrischen Zerkleinerer gut durchmixen. Vanillezucker eignet sich für süße Speisen, Gebäck, Kuchen und ist auch für Vinaigrettes super.

Zweierlei Brotaufstriche

MÖHREN-TOMATEN-AUFSTRICH

Für 500–550 g

Zubereitungszeit: 8–10 Minuten

100 g Butter

60 g Schalotten, geschält und gewürfelt

20 g Ingwer, geschält und fein gewürfelt

1 Knoblauchzehe, geschält und grob gehackt

Meersalz und Pfeffer

1 Prise Chiliflocken

250 g gekochte Möhren, in Stücke geschnitten

3–4 Stängel glatte Petersilie, Blätter abgezupft

125 g Tomatenmark

1 EL Ahornsirup

Zubereitung

Butter in einer Pfanne schmelzen, Schalotten, Ingwer und Knoblauch zugeben, leicht mit Meersalz, Pfeffer und Chiliflocken würzen und bei niedriger bis mittlerer Temperatur 3–4 Minuten anschwitzen. Möhren und Petersilie zugeben, alles in der Pfanne vermengen, weitere 2 Minuten garen. Tomatenmark und Ahornsirup einrühren und ebenfalls 2 Minuten garen.

Masse anschließend in einem elektrischen Zerkleinerer oder mit einem Stabmixer cremig mixen. Der Aufstrich hält sich 2–3 Wochen und passt auch gut zu Fleisch und Geflügel. Am besten schmeckt er allerdings zu frischem Brot und einem Glas Wein.

RÄUCHERFISCHCREME

Für 550 g

Zubereitungszeit: 3–5 Minuten

350 g Räucherfisch (z. B. Makrele, Forelle oder Lachs), in Stücke geschnitten

150 g Ziegenfrischkäse

50 g Honigsenf

1 Prise Meersalz

Zubereitung

Alle Zutaten in einem elektrischen Zerkleinerer zerkleinern, alternativ mit einem Stabmixer cremig mixen. Der Aufstrich hält sich 2–3 Wochen. Er schmeckt super auf frischem Brot, als Aufstrich für herzhafte Crêpes und auch als Vorspeise mit Kartoffelplätzchen und grünem Salat.

A

Ahornsirup   14, 17, 18, 23,
    28, 38, 112, 120, 138, 161, 164,
    171, 172, 175, 204, 211, 231, 235
Apfel   24, 168, 187, 193, 217
Aprikose   14, 50
Aubergine   84, 105
Avocado   31, 138, 144

B

Banane   17, 32, 49, 221
Basilikum   17, 61, 130, 144
Blätterteig   80, 187
Blaubeeren   14, 87
Blumenkohl   40, 112, 119, 152, 164
Bohnen   70, 111, 138
Buchweizenmehl   180, 194
Bulgur   69, 87
Buttermilch   32, 152, 218

C

Cashewkerne   54, 180, 184
Chiasamen   14, 28, 207, 208
Chilischote   58, 69, 105, 106,
        120, 137, 138,
        161, 164, 168, 171, 214
Chinakohl   120
Couscous   43
Cranberry   49, 54, 168, 217

D

Datteln   24, 87, 221
Dill   70, 79, 133

E

Eier   17, 23, 31, 44, 49, 50, 58,
    69, 133, 144, 151, 180, 184, 188,
        193, 197, 201
Erbsen   65, 98, 144
Erdbeeren   17, 23, 24
Erdnuss   54, 207

F

Feigen, getrocknet   49, 221
Fenchel   164, 171, 176
Feta   44, 141
Flohsamen   49, 207
Flusskrebsfleisch   133
Frischkäse   27, 91, 188, 235

G

Garnelen   94
Gelatine   23
Granatapfel   14, 105, 180
Grünkohl   147
Gurke   36, 83, 87

H

Haferflocken   24, 28, 32, 48,
        69, 194, 207, 217, 221
Haferkleie   18, 24
Hähnchen   83, 91, 130
Haselnüsse   44
Hefe   194, 204, 208, 211
Hefeflocken   66
Himbeeren   28, 32, 116, 188
Honig   141, 161, 165, 172

I

Ingwer   50, 112, 124, 137,
        141, 168, 235

J

Joghurt   14, 43, 53, 83,
        148, 161, 175, 214
Johannisbeeren   27, 151

K

Kaiserschoten   115
Kakaopulver   54, 197, 221
Kalbsfleisch   43, 76
Kapern   70
Kartoffeln   53, 58, 65, 69, 97
Käse   31, 79
Kichererbsen   123, 147
Kichererbsenmehl   39
Kidneybohnen   39, 138
Kiwi   27
Knoblauch   31, 53, 62, 66,
    69, 70, 83, 84, 111, 119, 120, 127,
    137, 141, 147, 148, 162, 165, 168,
        171, 235
Kokosblütenzucker   183, 197
Kokosmilch   112
Kokosöl   43, 54, 69, 98, 112,
    116, 118, 123, 137, 141, 204, 231
Koriandergrün   112, 119
Kürbis   148
Kürbiskerne   32, 207

L

Lachs   70, 79
Lamm   84, 138
Lauch   27, 62, 69, 119, 165, 176
Leinsamen   18, 24, 31, 152,
        207, 217
Limette   138
Linsen   61, 105, 137, 204

M

Mandeln 24, 66, 80, 84, 183, 201, 217
Mandelmehl 133, 144, 207
Mango 18
Mascarpone 175, 180
Mayonnaise 73, 133, 161
Melone 24, 151
Minze 18, 27, 28, 40, 98, 120, 184
Mohn 208
Möhren 62, 65, 124, 138, 147, 165, 176, 222, 235

O

Oliven 155
Orange 24, 43, 161, 168, 201, 204

P

Pak Choi 106
Pampelmuse 168
Paprikaschote 36, 87, 119, 133, 138, 171
Parmesan 44, 79, 144,
Pastinake 164
Petersilie 31, 40, 43, 69, 70, 73, 91, 124, 152, 155, 176, 235
Petersilienwurzeln 138, 165
Pflaumen 130, 168
Pilze 31, 106, 127, 176

Q

Quark 18, 31, 97, 175, 180, 183, 198, 201, 214

R

Radieschen 31, 83, 91, 134
Reis 79, 94
Ricotta 194
Rind 73, 98
Ringelbete 98
Romanasalat 98, 133
Rosenkohl 148
Rosinen 32, 54, 168, 217
Rosmarin 62, 111, 123, 130, 147, 162, 165, 168, 171, 193, 227
Rote Bete 50, 79, 98, 123, 197, 227
Rucola 27, 36, 43, 87, 194

S

Salbei 76
Schalotten 61, 70, 73, 83, 98, 105, 111, 127, 147, 151, 176, 235
Schnittlauch 91
Schokolade 54, 221
Sellerie 36, 62, 73, 138, 147, 165, 176
Sesam 49, 50, 94, 106, 115, 130, 211
Sherry 84, 165
Sonnenblumenkerne 24, 54, 207, 221
Spargel 151
Spinat 44, 58, 94, 116, 127
Süßkartoffeln 73, 88, 116, 141

T

Tahin 217
Thunfisch 144, 152
Thymian 62, 69, 73, 147, 162, 165, 171
Tofu 39
Tomaten 40, 62, 80, 111, 137, 138, 144, 147, 162, 165, 194
Topinambur 155
Trauben 14, 24, 36, 50

V

Vanille 88, 180, 183, 197, 232

W

Walnuss 14, 24, 54, 198
Wein 61, 88
Wodka 232
Wolfsbarsch 65

Z

Zitrone 23, 40, 50, 53, 69, 70, 73, 87, 91, 151, 161, 228
Zucchini 76, 119, 155, 176
Zwiebel 36, 62, 69, 102, 105, 112, 119, 123, 134, 137, 141, 155, 162, 165, 168, 171, 187, 204

Bui Vössing

FOODFOTOGRAFIE

Echte Speisen zu fotografieren ist eine Herausforderung, sowohl für die Bildermacher als auch für die Foodstylisten. In unseren Kochbüchern wird nichts verfälscht, angemalt, aufgepolstert oder kunstvoll drapiert, nur um ein gefälliges Bild abzuliefern. Unsere Suppen sind Suppen, unsere Saucen sind echte Kreationen. Wir verwenden keine künstlichen Hilfsmittel. Unsere Speisen sind vollständig gewürzt und auf den Punkt gegart.

Wir haben es uns zur Aufgabe gemacht, Bilder herzustellen, die dem Leser eine Orientierung sein sollen. Wenn ein Rezept entwickelt wurde und sich durch mehrmaliges Nachkochen bewiesen hat, dann wird die Speise nach Rezeptvorlage gekocht und noch warm und in allen ihren Bestandteilen genussfertig belichtet. Nur so können wir sicher sein, unser Möglichstes unternommen zu haben, damit die Leser zu Hause unter individuellen Bedingungen zu einem möglichst guten Ergebnis kommen.

Wir belichten unsere Bilder mit Mittelformat- und Großformatkameras, die den entscheidenden Vorteil einer malerisch anmutenden Detailtreue bieten. Wir können also atmosphärisch mit sehr wenigen Accessoires eine Stimmung erzeugen, die dem Tenor des Buchs behilflich ist.

Weil Kochbücher auch Trendbücher und Lifestylebücher sind, wird manchmal vergessen, dass sie in letzter Konsequenz Fachbücher sind, die eine bestimmte Präzision benötigen, um eine hilfreiche Information zu vermitteln. Deshalb vermeiden wir in unseren Darstellungen modische Tendenzen oder aufgeregte Effekte, die zwar kurzfristig erfrischend sein können, aber langfristig keinen Nutzen für die Leser haben. Denn ausschließlich für die Leser machen wir Kochbücher.

238